本书由赤峰学院资助出版

基于现代教育技术的
大学英语教学改革路径探析

于明波　著

中国纺织出版社有限公司

内 容 提 要

为深入贯彻习近平总书记关于教育的重要论述和全国思想政治工作会议、教育大会精神以及教育部新时代高等学校本科教育工作会议精神,更好地落实学校英语教学改革方案,提升英语教师教学能力和研究水平,探索现代教育技术背景下英语教学模式,编写该书。希望通过英语教学模式的理论与实践探讨,保证英语教学改革的顺利进行,进一步加强全国各高等院校英语教学改革的交流与沟通,促进学校英语教学改革与创新发展,使学校的英语教学再上一个新台阶。本书适用于高校教师及高校教学研究方面的研究人员参考阅读。

图书在版编目（CIP）数据

基于现代教育技术的大学英语教学改革路径探析／于明波著 . --北京：中国纺织出版社有限公司，2022.1
ISBN 978-7-5180-9004-4

Ⅰ．①基… Ⅱ．①于… Ⅲ．①英语—教学改革—高等学校 Ⅳ．①H319.3

中国版本图书馆 CIP 数据核字（2021）第 208167 号

责任编辑：朱利锋 特约编辑：符 芬 责任校对：寇晨晨
责任印制：何 建

中国纺织出版社有限公司出版发行
地址：北京市朝阳区百子湾东里 A407 号楼 邮政编码：100124
销售电话：010—67004422 传真：010—87155801
http://www.c-textilep.com
中国纺织出版社天猫旗舰店
官方微博 http://weibo.com/2119887771
天津千鹤文化传播有限公司印刷 各地新华书店经销
2022 年 1 月第 1 版第 1 次印刷
开本：710×1000 1/16 印张：11
字数：203 千字 定价：88.00 元

前　言

随着中国改革开放的深入发展,中国对外开放迈向全方位高水平。中国与世界各国的经济合作、文化交流日益频繁。英语作为国际通用语言,在中国与世界各国的合作和交流中发挥着至关重要的作用。相应地,我国对高质量英语人才的需要也更加迫切。大学是高质量英语人才培养的基地,大学英语教学是解决当前英语人才竞争的有效手段,因此,大学英语教学受到前所未有的关注和重视。

纵观中国英语教学的历史,我国英语教学已经取得了很大的成就。但从目前的情况来看,其仍然存在许多亟待解决的问题,例如,教育观念陈旧、英语教材编写缺乏创新、教学手段单一、评价体系不完善等。面对诸多问题,高校应行动起来,积极探索解决之道。近些年来,人们对语言习得的研究愈发深入,并且在行为主义、建构主义等理论的影响下,涌现出了许多重要的研究成果,这些成果有力地指导了英语教学的发展。另外,随着计算机技术的飞速发展,英语教学的内容变得丰富,模式变得多样,现代教育技术在英语教学中的重要性也愈加凸显。现代教育技术既是一种理论,也是一种实践,它依托现代教育理论与现代信息技术,通过对教与学的过程进行设计、评价与管理,实现教学的不断优化。当前,在信息化时代,一线教师也越来越清楚,英语教学必须要变革,而现代教育技术作为英语教学有力的辅助手段,能够使英语教学发展摆脱滞后的尴尬境地,能够帮助英语教学走出困境,显然已经进入了相关研究人员与英语教师的视野。

本书对现代教育技术在大学英语教学改革中的应用进行了全面研究。全书共分为八章。第一章介绍大学英语教学的基本概念,即内涵、目标、原则、影响因素以及改革方向;第二章分析现代教育技术对英语“教”与“学”的积极影响,指出现代教育技术在英语教学中应用的必要性与可行性,说明现代教育技术对大学英语教学信息化的推动;第三~第七章分别从翻转课堂、移动教学、智慧课堂、微课以及慕课等角度对现代教育技术视角下大学英语教学的路径进行深入研究;第八章专门探讨大学英语教师的专业发展及信息化素养的提高策略。

　　本书在写作过程中得到了相关领导的支持和鼓励,同时参考和借鉴了有关专家、学者的研究成果,在此表示诚挚的感谢! 由于时间及能力有限,书中难免存在疏漏与不妥之处,欢迎广大读者给予批评指正!

著者

2021 年 8 月

目 录

第一章　大学英语教学概述

随着经济全球化进程的不断加快，我国在国际上的地位越来越突出，因此，同世界其他国家之间的交往也日益频繁。英语作为一种国际通用语言，在我国的对外交往中发挥着至关重要的作用。大学英语教学应当充分发挥培养英语专业人才的重要作用，紧跟时代潮流，不断进行创新与变革。本章首先对大学英语教学的内涵与目标进行分析，并论述大学英语教学的原则及影响因素，为大学英语教学的改革指明了道路。

第一节　大学英语教学的内涵与目标

一、大学英语教学的内涵

（一）大学英语教学的定义

英语对于中国学生来说是第二语言，由于从小生活在汉语作为母语的环境之中，所以，在进行英语学习时，学生通常在英语的使用环境上得不到有效的保障，这在一定程度上对大学英语教学的开展造成了阻碍。英语教学作为学生学习英语的主要方式，能够对学生的英语水平与英语运用能力产生非常直接的影响。

大学英语教学同其他学科教学一样，是大学教育的一个重要组成部分。从教师的角度来说，英语教学就是对学生的学习进行引导的一种教育活动；从学生的角度来说，英语教学就是学生在教师指导下所开展的一种学习活动。实际上，英语教学既包括教师的教，也包括学生的学，是一种将教师与学生有机地统一于一体的教育活动。具体分析的话，大学英语教学的内涵主要包括以下几点：

其一，大学英语教学具有非常强的目的性。大学英语教学在不同的阶段所需要达到的目标是各不相同的，而每一个阶段的目标又可以更细化为不同的领域及层次。

其二，大学英语教学具有一定的系统性与计划性。首先，大学英语教学是由教育行政部门、教研部门以及学校教学管理者统一制定策略并进行管理的，因此，具有系统性特点；其次，在进行英语教学时，为了保证教学效果，需要针对教学

1

的各项内容做出具体的教学安排，因此具有计划性特点。

其三，大学英语教学的正常开展离不开教学方法与教育技术的保障。在长期的大学英语教学发展历程中，诸多前辈累积了大量的教学方法，能够为大学英语教学提供有益的借鉴。同时，现代教育技术的飞速发展，使大学英语教学能够依靠各种技术的辅助实现教学水平的飞速提升。

通过以上分析，我们可以得出结论：大学英语教学就是教师按照教学目标的具体要求，系统地、有计划地借助于一定的教学方法与教育技术所开展的教学活动，这一教学活动的目的在于向学生传授英语知识与技能，以培养学生的英语综合能力。

（二）大学英语教学的属性

众所周知，语言与文化之间的关系是密不可分的。因此，英语作为一门语言，其教学除了是语言的教学之外，也是文化的教学。大学英语教学同时具有语言属性与文化属性。

1. 语言属性

英语是一种国际通用语言，在英语教学中所进行的语言教学，是其本质属性。语言教学的根本目的就是对学生的语言能力进行培养。对于中国学生来说，英语是第二大语言，因此，在当前我国的大学外语教学体系之中，英语教学的地位与作用也是非常突出的。

在大学外语教学中，为了让学生打好基础，教师通常会将外语基础知识传授给学生，不断培养学生的语言运用能力。大学英语教学作为外语教学的一个重要组成部分，也应当同其他外语教学一样，关注学生语言运用能力的培养。

需要特别注意的是，那些单纯地围绕语言知识研究而开展的语言教学，在教学目的上并不关注语言的应用，所以，自然也就不在语言教学的范围之内，如古英语研究、古汉语研究等。

2. 文化属性

语言的学习离不开文化的学习。在大学英语教学中，教师应当将英语文化学习摆在与英语语言学习同等重要的位置，并且深化对英语文化教学重要性的认识，关注英语教学中学生跨文化交际能力的培养。

二、大学英语教学的目标

（一）技能目标

1. 帮助学生理解英语

在大学英语教学中，教师要帮助学生懂得英语，并不是单纯地使学生掌握英语知识与技能，而是要使学生在学习的过程中开动脑筋，主动地学习英语语言知识。换句话说，学生的英语学习过程不应当仅仅从行为上体现出来，更应当在心理上体现出来。英语教学的中心应当是学生，教师只是参与者、促进者与指导者，对学生的学习起到帮扶作用。在英语教学过程中，教师要特别注意，教会学生做事不是根本的目的，对学生的思维进行扩展，使学生积极获取新的知识才是英语教学的关键。

学习英语不仅是要学会关于英语的知识，还包括会说英语这门语言。实际上，这体现的是不同的教学模式的不同关注点。就前者来说，教师指导学生在进行英语知识的学习时，只要求学生记忆和理解英语知识，并不关注英语的运用，将教学的重心放在学生的心理活动方面。后者则是要求学生在记忆与理解英语知识之外，还要将所学的知识运用于实践之中，同时，要在特定的英语文化语境中运用英语完成特定的交际活动。如此一来，英语教学的目标就体现在两方面：一是使学生掌握与语言有关的知识，二是使学生学会使用英语这门语言。

2. 帮助学生学会英语

在英语教学中，学生学习英语，教师向学生传授英语知识并帮助学生实现学会英语这一目标。其中，学生是教学的中心，是学习活动的发出者。而教师则起到促进者的作用，通过采用多样化的教学手段来帮助学生学会英语，各种现代化的教学技术是教师教学的有效手段。

在这种教学目标的支撑下，教师的教学活动始终将学生摆在最重要的位置，自己则积极地为学生提供各种指导与帮助。但是，这种教学活动往往没有对学习任务的性质进行深入分析，教学活动的主观性比较强。或者说，这种教学活动在教学目标方面体现得不够明确。但是，我们必须承认，其中充分体现了学生的主体性与教师的主导性，其进步意义还是非常明显的。只是，在这种教学过程中，教师所能够提供的并不是具体的教学内容而只是教学方法，教学目标在于使学生学会英语。

综上所述，以教师帮助学生学会英语作为目标的教学活动往往关注的是一种行为与动作，重视的是任务的完成状况。

3. 给学生传授语言知识

教师给学生传授语言知识的教学过程也被看作是一种进行物质交流的过程，在此教学目标的影响下，教师所交给学生的英语内容，通常是他们主观认为的值得教的东西。其中，教师拥有绝对的主导权，学生则处于被动学习的地位。学生的感受与需求基本上不会被关注，也毫无话语权。教师在教学中，只是一味地将他们自认为标准的、高雅的英语教给学生，并使学生学会就可以了。在这种教学模式下，教师通常不停地教，学生也在不停地接受，但是对于学生的接受情况，教师根本就不在意，只要学生确实处在接受的状态中，教学的目的就达到了。从教学内容上讲，教师教给学生许多自认为是好的语言知识，特别是美的文学语言知识，并不会考虑这些语言知识是否在实际交际中有用。这是传统外语教学法的特点。教师通常为自己所选择的美的教学材料，或者是美的教学方式所陶醉。如果学生懂得了自己所教的内容并且对自己的教学内容与课堂表演持欣赏的态度，教师自然也就感受到快乐了。

4. 训练学生的英语技能

教师使用英语这门语言对学生进行教导，这一教学过程如果从人际交流的角度来看，重点还是教师，学生则是被动的参与者的角色。学生在这个过程中的参与情况会受到教师的支配与各种外在因素的影响，也就是说，学生的主动性是缺失的。在这种教学过程中，教师不再是简单地将英语教给学生，而是把英语作为表达教师与学生关系的一种手段：教师通过训练学生表现自己的"权威地位"，在一系列操练过程中，学生的技能得到提升，教师也就实现了训练的目标。在教学内容方面，教师会为学生设置大量的训练题，并且进行大量的英语测试，就是为了使学生的英语技能得到提升。

从教学方式上讲，教师主要通过给学生提供大量训练培养其英语技能。这种教学模式类似于传统教学法中教师主导一切的模式，学生只是教师用来训练的对象，根本没有任何学习方面的主动权。教师并不关注学生语言知识的学习，因为其教学目的在于使学生掌握语言的技能。从本质上来说，教师所训练的这些技能只是一些语言结构模式，学生最终掌握的并不是实际运用语言的能力。

（二）文化目标

大学英语教学的内涵非常丰富，这就决定了其教学并非单纯的语言工具教学，除此之外，还包括语言文化的教学以及对学生跨文化交际能力的培养。随着全球化进程的不断加快，中国的对外交流日益频繁，英语作为国际通用语言的重要性也不断凸显，因此，大学英语教学尤其是大学英语文化教学也应当给予足够的重视。从整体上来看，大学英语文化教学应当包含以下两个目标。

1. 明确文化定位

明确文化定位既包括对母语文化的定位，也包括对目的语文化的定位。

中华文化博大精深，是世界文化宝库的一朵奇葩。因此，在大学英语教学中，应当对中国文化给予足够的关注。试想，在跨文化交际中，如果交际者对自己本民族的文化都不了解，又怎么能够与别人进行长久的交谈呢？更进一步说，只有对本民族的文化拥有准确的定位，才能保障跨文化交际的有效开展。就当前的大学英语教学状况来看，对于中国文化的教学重视度显然不够，这就在很大程度上导致学生根本无法掌握足够的母语文化知识。对于这一情况，教师应当首先从思想上加以重视，积极采用文化对比、母语文化英译等手段强化学生对中国文化的认识，使学生掌握足够的母语文化知识，从而为将来从事跨文化交际活动奠定良好的基础。

在世界上许多国家中，英语都是作为官方语言来使用的。随着全球化进程的不断加快，英语在国际交往中的作用越来越突出。因此，在大学英语教学中，英语文化的教学应当给予足够的重视。只有了解英语文化，学生才能够在中西文化的对比中，对中国文化形成更为深刻的认识。从一定意义上来说，英语教学对于文化的传承也起到了积极的作用，学生在积极学习中国文化的同时，不断加深对英语文化的认识，这对于学生跨文化交际能力的提升是意义重大的。

2. 培养学生的文化能力

大学英语文化教学的另一个目标是培养学生的文化能力。具体来说，学生应当具备以下三个方面的文化能力。

（1）使用英语表述母语文化的能力。使用英语表述母语文化的能力是大学英语教学中学生所应具备的第一层次的能力。中国拥有悠久的历史与深厚的文化积淀，但是要想使中华文化在国际上扩大知名度，还需要依靠英语人才用英语对中华文化进行传播，因此，对于学生使用英语表述母语文化的能力进行有效培养是意义重大的。

（2）深刻理解英语文化的深层内核的能力。深刻理解英语文化的深层内核的能力是大学英语教学中学生所应具备的第二层次的能力。学生只有具备了对英语文化进行理解的能力，才能更好地理解英语文化，从而在跨文化交际中避免一些不必要的失误，促进跨文化交际活动的有效开展。

（3）成为跨文化交际的具体参与者的能力。成为跨文化交际的具体参与者的能力是大学英语教学中学生所应具备的第三层次的能力。只有具备了这一能力，学生在面对目的语与母语文化时才不会有所偏颇，从而积极吸收目的语文化中的精华部分，对母语文化进行客观的审视，这样一来，在参与跨文化交际活动时也才能更加自信。

第二节　大学英语教学的原则及影响因素

一、大学英语教学的原则

（一）以学生为中心原则

在大学英语教学中，以学生为中心是首要的原则。具体来说，以学生为中心就是教师所有的教学活动都应当以学生的学习为前提，时刻关注学生的学习情况，所有的学习任务紧紧围绕学生来安排。要做到这一点，教师首先应当充分了解学生的学习需求与心理状态，在此基础上合理安排教学计划，选择科学的教学方法，以满足学生的学习需求。

具体来说，以学生为中心要求教师做到以下几点。

1. 教材分析要以学生为中心

教师在分析教材时，应当对教学内容进行充分的理解与把握，并根据学生的实际学习情况对教学目标及教学任务进行合理的调整；同时，教师应当在把握学生实际需求的基础上，对教材的内容与活动进行各种有效的处理，以使教材真正与学生的学习需求相挂钩，从而更好地为教学活动服务。

2. 教学方法和手段的选择要以学生为中心

教师在开展英语教学活动时，应当重视教学方法和手段的选择，紧紧围绕学生这个中心来选取。一般来说，直观教学法能够使学生对语言形成直接的感受与理解，进而有效地激发学生的兴趣，对于学生记忆的强化作用是非常明显的。形象化教学法则可以使学生的直觉思维得到很好的调动，在实际教学中，教师可以借助多媒体来达到满足学生好奇心的效果，使学生积极参与课堂教学。

3. 教学活动的设计与组织要以学生为中心

在设计与准备教学活动时，教师应当首先对学生的特点、知识掌握情况、学习兴趣等方面进行充分的了解与把握，这样才能使教学活动适合学生的学习特点，满足学生的多元化学习需求，进而促进教学目标的顺利达成。

（二）输入优先原则

在大学英语教学中，应当遵循输入优先的原则。输入与输出，是指学生通过听与读的方式来接触英语语言，获得英语知识，并且通过说与写的形式将语言表达出来。通常来说，学生所输入的语言量越大、质量越好，最终输出的内容也就越好。所以说，英语的输入是输出的前提与基础。

这一原则是在埃利斯（R. Ellis）《理解第二语言习得》一书中所提出的外语学习语言输入特点的基础上进行的概括与总结。

一是可理解性。这里所说的可理解性指的是对于所输入的语言材料的理解。

二是趣味性与恰当性。这一特点要求学习者在对语言材料进行输入的同时产生兴趣。

三是要保证足够的输入量。对于外语教学来说，这一点是非常重要的，但是就当前而言，其所引起的重视程度并不高。

在大学英语教学中，教师要坚持输入优先的原则，应当重点关注以下几点内容。

其一，在输入内容与形式方面要注重多样化。内容可以来自各种材料，形式可以是文字、图像，也可以是音频、视频等。

其二，教师要综合运用多种手段，为学生提供更多的接触英语的机会，不断增加学生的可理解语言的输入。与此同时，教师还应当突破课堂教学的限制，引导学生在课外时间通过多种形式开展英语的学习，从而扩大学生的英语学习范围，增加语言输入，进而促进英语能力的提升。

其三，重视学生理解能力的培养。在为学生提供英语学习材料时，应当充分考虑学生的实际学习需求，并且注重学习内容与形式的可理解性与趣味性。对学生输入的英语材料应当与学生自身的学习水平相一致，重视学生对输入材料的理解，而对于学生的输出情况则不必做过多的要求。从教学方法的角度来说，这也是一种坚持输入优先原则的表现。但是，需要注意的是，单纯依靠语言输入很难从根本上促进学生英语综合能力的提升，除此之外，说英语与写英语也是非常重要的。

其四，鼓励学生进行语言模仿。但是，需要强调模仿的有效性，重在对生活中的真实情景进行模仿，并且应当对语言结构所表达的具体内容给予更多关注。也就是说，让学生进行语言模仿的最好方式就是鼓励学生在具体的情境中对所模仿的语言进行使用。

（三）灵活多样原则

1. 灵活多样的课程设置

在长期以来的大学英语教学中，教师往往处于中心位置，学生的个性差异与个体需求都没有得到足够重视，形成了英语必修课主导的局面，这在很大程度上限制了英语教学水平的提升。实际上，大学英语教学仅仅依靠必修课的形式来开展是远远不够的，除此之外，还应当以选修课为辅助，在课程的设置上注重灵活性与多样性，才能充分满足学生的个性化需求，进而促进学生英语综合能力的提升。

因此，在大学英语教学中应该开设多种形式的选修课，如英美文学选读、英美社会与文化等，这些选修课应当在所有的年级都开设。在教学模式上，主要采用任务型教学，通过多元化的手段使学生更多地了解英语国家的文化背景知识。在选修课上，要给予学生充分的自主权，让学生根据自身的兴趣与需求加以选择。

开设形式多样的英语选修课，对于学生来说是一种非常好的提升英语能力的方式。同必修课相比，选修课更具有趣味性、实践性与探索性，因此，更能够激发学生的学习兴趣。必修课与选修课相辅相成，缺一不可，共同促进学生英语综合能力与英语教学水平的提升。

2. 灵活多样的教学模式

随着信息技术的飞速发展，多媒体辅助教学已经成为大学英语教学的一种重要形式。在多媒体的辅助之下，英语教学突破了传统的以教师讲授为主的单一的教学模式，实现了传统的课堂教学与网络教学的有机结合，这是对英语个性化教学模式的一种崭新的探索。多媒体的辅助，不仅极大程度使英语教学突破了时间与空间的限制，使教学内容与教学形式呈现多元化发展的趋势，而且，教师也可以利用多媒体针对学生的实际需求制订有针对性的教学计划，并为学生提供丰富的教学资源，使学生沉浸在一种多维的英语教学环境之中，从而充分融入英语教学活动之中，发挥自身的主观能动性，不断促进英语学习水平的提升。

在英语多媒体教学模式中，学生的角色较以往发生了很大的改变。在整个教学过程中，学生自主地对学习任务进行设计，并积极参与学习活动，与他人进行合作学习，最后对自己的学习情况做出评价。教师则主要是对学生进行指导与帮助，教会学生有效的学习方法，培养学生自主学习的能力，从而使学生的自主性与创造性得到充分的发挥。事实证明，这种崭新的教学模式有效地培养了学生的主动学习能力、英语综合能力，并促进了学生创新意识的形成，使学生的学习个性得到了充分的展现。

3. 灵活多样的课堂活动

在大学英语教学中，课堂交互活动的影响力是不容忽视的。因此，教师应当重视为学生创设灵活多样的课堂活动。在创设活动时，教师要充分考虑学生的学习特点与学习水平，力图使课堂活动最大限度地满足学生的多样化需求。英语课堂教学具有非常强的实践性，学生所掌握的英语最终应用于实践之中，所以，教师应在重视学生课堂听课的同时，为学生创设灵活多样的课堂活动，强化学生的课堂实践。

英语课堂活动的形式不拘一格，可以是大班活动，也可以是小组活动。学生通过参与活动，使自己已经输入的英语知识在课堂活动中得到输出，从而将语言的输入与输出有机地统一起来，进而促进学生英语应用能力的提升。多样化课堂活动的创设不仅将英语教学的各个部分有机地结合起来，使学生更快、更好地掌握英语知识和技能，而且能够在很大程度上促进学生思维的发展，培养学生的创新意识与自主学习能力。

4. 灵活多样的评价方式

在大学英语教学中，对学生进行评价时也应当重视评价方式的灵活多样。具体来说，应当将学生对于语言知识与技能的实际应用情况作为评价的重点，既重视对学生学习过程的评价，又重视对学生学习成果的评价，使形成性评价与终结性评价有机地统一起来。在评价时，不应单纯以教师的评价为依据，还要关注小组评价、他人评价以及学生的自我评价，形成一种开放的、多层面的评价体系。这样的评价方式能够为学生创造一种宽松、民主的学习氛围，进而促进学生学习能力的提升。

在英语学习的考核方面，教师也应当重视多样化方法的运用。除了采用传统的笔试与闭卷考试外，还要结合面试以及开卷考试，对学生的知识掌握情况进行全面了解。由于英语是一门语言学科，因此，相对而言，采用面试考核的形式是一种非常好的方法，在实际操作中，应根据实际情况进行灵活的变通，可以让学生自己陈述，也可以两人为一组进行对话，还可以采用多人对话的形式。总而言之，在考核形式的应用上，教师要根据具体的情况进行灵活的选择。

除此之外，教师在进行命题的时候，仍然要注意灵活多样。通常来说，在题型的设置上要全面一些，考核的内容应当覆盖所学的知识点，并且侧重于主观题的考核，目的就在于为学生提供更多的展现自己的机会，使学生的思维得到充分的发散。

综上所述，灵活多样的原则对于英语教学来说具有非常重要的意义，在教学中坚持这一原则不仅能够有效地提升英语教学水平，而且能够培养学生的综合学习能力，因此，英语教师对于这一原则应给予足够的重视。

（四）交际性原则

英语是一门实践性较强的工具性学科，因此，其教学的根本目标就是培养学生运用英语进行交际的能力，所以，大学英语教学的开展应当遵循交际性原则。通常来说，在大学英语教学中，教师应当重视以下几个方面。

1. 重视英语教学的交际工具作用

英语是一种进行语言交际的重要工具，教师在英语教学中应当重视其作为交际工具的作用。从根本上来说，英语教学就是要使学生了解并且掌握英语这种交际工具。具体来分析的话，在英语教学中，教师应当将交际性作为教学目的，学生也应当将交际性作为学习目的。在课堂上，教学活动应当重视对学生的英语进行反复训练，以促进学生英语交际能力的提升。

由于中国学生长期处于母语环境之中，缺乏英语使用的真实情境，这会在一定程度上限制学生语言能力的发展。因此，在大学英语教学中，教师应当积极为学生创造使用英语进行交流的机会。具体来说，教师可以运用各种教学辅助工具，创设一定的英语情境，使学生融入情境之中，用英语进行交际。这不仅能够激发学生的参与兴趣，也能够有效地提升学生的语言应用能力。

2. 重视语言教学的生活性

从根本上来说，大学英语教学最终是为学生的生活而服务的，所以，教学中应当对生活性给予足够的关注。具体来说，教师在教学过程中，可以选择一些学生日常生活中比较感兴趣的内容同教学内容结合在一起，吸引学生的注意力，从而激发学生参与英语学习的兴趣，促进学生英语水平的提升。

（五）真实性原则

所谓真实性原则，是指大学英语教学应当体现出英语真实的使用环境。这一原则要求英语教师在对教学内容进行设计的时候，充分考虑英语国家的社会文化与交际情境，以使学生获得更多的使用英语的真实环境。

具体来说，在教学中，教师将对学生的英语综合能力培养作为总体的目标，运用任务教学法与交际教学法开展各种教学活动，为学生创造各种使用英语的交际情境，促进学生英语能力的提升。在教学中，教师通常需要注意以下几点。

1. 把握真实语言运用目的

语言交际总是伴随着一定的目的来进行的，要从根本上提升学生的参与性，提升学生的语言运用意识与能力，最根本的是要把握真实的语言运用目的。

2. 采用语言运用真实的教学内容

语言教学同其他学科相比，具有自身的特殊性，英语教学自然也是如此。因此，在英语教学中，教师应当重视采用真实的教学内容。除了要对教材的内容进行充分讲解外，教师还要选取一些相关的语言材料加以讲解。真实的教学材料能够使学生接触真实的语言，了解英语国家真实的交际话语场景和文化背景。

教师在教学前需要搜集和整理真实的教学内容，分析语言应用的语境与内涵，从而保证教学可以有效提高学生的语言运用能力。

3. 设计或组织语言运用真实的课堂教学活动

教学活动是保证教学效果的重要因素，同时，也是语言运用的重要手段。真实的课堂教学活动需要体现语言应用的目标，培养与提高学生的语言运用能力。

教师在真实的课堂教学活动中发挥着重要的指导作用，需要对学生进行积极的引导，使学生明白语言的真实语境与言外之意。

4. 设计语言运用真实的教学检测评估方案

教学评估是教学整体链条中的重要一环，对教师的教和学生的学都有重要的反馈作用。设计语言运用真实的教学检测评估方案，能够使教师发现学生学习中的不足，从而及时调整教学任务。

由于语言运用真实会引导学生更加重视语言学习的应用性，利于学生英语运用自我意识的提高，因此，在进行教学检测评估设计时，教师要注重语言运用能力检测相关内容。

二、大学英语教学的影响因素

（一）教师因素

1. 教师的角色

就传统的英语教学而言，教师扮演的主要角色是知识的传授者以及教学的主宰者。然而，随着时代的发展以及教学理念的转变，英语教师的角色与以往相比发生了极大的变化。就当前来看，大学英语教师扮演的主要角色有教学资源的提供者及教学活动的组织者、促进者、参与者。

（1）教师是资源的提供者。各种教学活动的开展都离不开教师所提供的教学资源，这些资源包括英语学习的背景知识、习题与答案、学习的范例等，优秀的教师总是在源源不断地为学生提供教学资源，帮助学生不断学习、不断成长。

（2）教师是教学活动的组织者。良好的组织工作是确保教学活动取得成功的关键因素。教师在英语教学中扮演教学活动的组织者的角色，其主要任务是让学生对自己所要做的事情有明确的认识。为了完成这一任务，教师需要将具体的教学任务告诉学生，深化学生的认识，使学生明确开展活动及评价反馈的方法。

（3）教师是教学活动的促进者。在教学活动的开展过程中，学生不可避免地遇到各种困难，当学生通过自身的能力无法解决时，教师需要为学生提供相关的信息，积极调动学生的学习积极性，帮助他们形成新旧知识的联系，从而促进学生对新的知识体系进行构建。

（4）教师是教学活动的参与者。在英语教学过程中，教师除了是组织者、促进者之外，还应当发挥参与者的作用，应当融入学生群体，拉近自身与学生之间的距离，培养师生感情，这不仅有利于和谐的师生关系的构建，更有利于英语教学目标的实现。

2. 教师的素养

（1）专业素养。

①较高的语言水平。对于中国学生来说，英语是第二语言，大学英语教师只有具备较高的语言水平，才能够有效地开展教学活动，培养出优秀的英语人才。较高的语言水平不仅包括扎实的语言专业知识，还包括较高的语言技能。具体来说，英语教师应当掌握丰富的英语语音语法知识和丰富的词汇量，以及优秀的听、说、读、写能力。只有这样，英语教师才能够对教材与教学内容进行全面的把握，并将丰富的英语知识传授给学生。所以说，只有教师具备了较高的语言水平，才能够推动英语教学活动的顺利开展。

②全面的教学能力。大学英语教师应当具备全面的教学能力，即传授和培养英语知识技能的能力、教学的组织能力以及综合教学能力。

其一，传授和培养英语知识技能的能力。具体来说，指的是教师在教学过程中应当积极采用多种方式对学生的学习进行指导，包括讲解、提问、启发、示范等；此外，教师还应当及时发现学生在英语学习中存在的问题，并进行合理的解决。

其二，教学的组织能力。指的是英语教师在教学过程中，应当积极动员与组织学生集体开展各种课堂教学活动。

其三，综合教学能力。指的是英语教师除了要具备英语教学所必需的语言能力之外，还应当具备唱歌、制作、绘画等多方面的能力。

③较强的科研能力。在当今时代背景下，大学英语教师除了应当具备较高的语言水平与教学水平外，较强的科研能力也是必不可少的。只有积极参与科研活动，不断提升自身的科研能力，英语教师才能适应时代的发展需求，实现自我的发展与提升。

（2）师德素养。对于一名合格的教师来说，师德素养是至关重要的。只有具备了师德素养，教师才能够长久地保持对教育事业及学生的热爱。此外，师德素养还会对学生的成长产生非常深刻的影响。所以，大学英语教师必须树立正确的世界观、价值观，坚定信念，树立远大的理想，以良好的精神面貌去感染学生、影响学生。

（3）人格素养。一名教师的综合素养如何，可以从他的人格素养得到较好的体现。大学英语教师应当重视自身人格素养的提升，其中包括良好的思想道德素养、谦虚好学的品质、良好的自我认知、和谐的人际关系、健康的心理状态等诸多方面。其实，人格素养的各个方面并非独立存在的，而是彼此之间相互影响的，正是这些品质的综合作用，塑造了教师良好的人格素养。

（二）学生因素

1. 学生的角色

（1）主体。在大学英语教学中，应当重视学生主体性的发挥。在整个学习过程中，学生是学习行为的发出者，他们通过探索知识、发现知识、吸收知识以及内化知识等各种学习实践活动，构建自身的知识体系，促进自身世界观、人生观与价值观的形成。

（2）参与者。在大学英语教学活动中，始终伴随着学生的参与。教师应当积极调动各种因素，激发学生的兴趣与求知欲，提升学生的参与度，培养学生的主动学习能力。学生也应当积极参与各种教学活动，充分调动自己的思维，思考问题、分析问题、解决问题，不断提升自己的综合能力。

（3）合作者。在英语教学中，学生的学习始终伴随着与他人的交流互动，因此，学生也扮演着合作者的角色。学生在与教师的合作以及与学生的合作中，不断获得自我的提升。

（4）反馈者。教学活动的成效如何，主要从学生的学习情况得到体现。因此，学生还是教学活动的反馈者。教师根据学生的表现来获知其对知识的掌握情况，并且，以此作为依据及时调整、优化教学内容与教学方法，进而不断促进教学水平的提升。

2. 学生的个体差异

（1）学习潜能。学习潜能是一种学生所具备的学习能力的倾向，是就学习认知的层面而言的。换句话说，学习潜能也就是学生在英语学习方面是否具有天赋。一般来说，学生英语素质的提升依赖于学生综合能力的培养，而学生的英语学习水平则可以通过学习潜能来进行测试。通常来说，学生的学习潜能主要涵盖以下四个方面的内容。

其一，是否具有对语言进行编码与解码的能力。

其二，是否具备对语言学习进行归纳的能力。

其三，是否具备学习语法的敏感性。

其四，是否具有学习语言所需的联想记忆能力。

值得注意的是，由于学生的自然禀赋存在一定的差异，因此，在学习潜能上所体现出的差异也是非常明显的。这就要求大学英语教师充分考虑学生的实际情况，制订有针对性的教学策略，以满足不同学生的不同需求，进而最大限度地挖掘学生的学习潜能。

（2）智力水平。学生的智力水平同学习潜能一样，是就学生认知层面的能力而言的。一般来说，智力水平较高的学生通常具有较高的记忆力、观察力与想象力，能够进行抽象思维，较好地完成语言学习任务。在大学英语教学中，学生的智力水平是影响教学效果的一个重要因素。

所以，在大学英语教学过程中，英语教师首先要充分了解学生的智力水平，在此基础上，选择合适的教学策略，引导学生进行英语知识与技能的学习。与此同时，学生也应当充分把握自身的智力水平情况，找到适合自身的学习方法，不断提升英语学习水平，培养自己用英语进行交际的能力。

（3）学习动机。

①深层动机与表层动机。学生的学习动机有深层动机与表层动机之分。在英语学习中，学生的学习动机不同，学习目标自然也不同。一般来说，具有深层学习动机的学生非常重视自身英语能力的提升，因此，在学习英语时，他们对自己严格要求，充满学习的热情，在学习方法的选择上也表现出科学性与多样性特点。而具有表层的学习动机的学生通常对英语学习的积极性不高，学习所持续的时间也比较短暂，对自己的要求也比较低。

②内在动机与外在动机。学生的学习动机还有内在动机与外在动机之分。通常情况下，具有内在学习动机的学生在学习时通常不会受到外在因素的影响。内在学习动机主要表现为对英语学习充满兴趣以及对英语学习持有端正的态度。而具有外在学习动机的学生通常是为了应对外界的压力而进行英语学习，所以，很容易受到外在因素的影响。

（4）学习风格。学生的学习风格根据不同的划分依据表现出多种多样的特点。通常来说，按照感知方式以及认知方式所进行的划分是比较常见的。

①按照感知方式来分。按照感知方式的差异，学生的学习风格可以划分为听觉型、视觉型和动觉型三种。一般来说，听觉型学习风格的学生倾向于用耳朵来学习，在听的过程中，获得各种英语知识，这类学生往往在教师的口头教学与听力教学中表现良好，但是在书面表达方面表现出很多不足之处。视觉型学习风格的学生倾向于用眼睛来学习，在看的过程中，获得相关的英语知识，通过这种直观看的形式，学生能够形成对知识的清晰理解，这类学生通常在教师利用板书及多媒体开展的教学活动中表现良好，但往往对口头教学与听力教学表现出不习惯。动觉型学习风格的学生倾向于在实践中进行学习。学生在参与各项实践活动的过

程中获取相关的英语知识。这种类型的学生比较乐于参与一些具有挑战性的学习活动，并且能够从中获得快速的提升。

②按照认知方式来分。不同的学生在认知方式上往往存在比较明显的差异，根据认知方式的不同，学生的学习风格可以划分为场依赖型与场独立型、整体型与细节型等。

场依赖型与场独立型学习风格是以学习者对自身情况的依赖程度为依据进行划分的。实际上，场依赖型与场独立型的学生在对信息进行处理的问题上，存在的倾向是截然不同的。一般来说，场依赖型学生很容易受到外在因素的影响，在学习中对教师与同学的依赖较强，通常很难独立进行思考或解决问题；但是，场独立型学生则不容易受到外在因素的影响，在学习中很少依赖他人，善于独立思考和解决问题。其实，大多数学生都不是完全意义上的场依赖型与场独立型风格的学习者，而是处于这两种风格之间。

整体型与细节型学习风格是根据学生接受信息的方式来进行划分的。通常来说，整体型学习风格的学生倾向于从整体的视角来分析、思考问题，自身的直觉性与模糊性比较强，但是，在深刻性与准确性方面则存在不足。如果在学习中遇到困难，这类学生通常选择向他人求助。而细节型学习风格的学生通常倾向于把握与记忆一些比较具体的信息，善于从细节方面分析、思考问题，在遇到困难时，他们常常将问题划分为具体的细节来加以处理，较少依靠别人。

总而言之，学习风格对于大学英语教学的影响是非常显著的，英语教师应当充分把握学生的学习风格，根据学生的实际情况进行有针对性的学习指导，只有这样，才能不断提升英语教学的质量。

（三）环境因素

1. 社会环境

所谓社会环境，是指经济发展的状况、科学技术的发展水平等对英语学习的态度和社会需要英语的程度等。社会对英语教学的影响是非常重要的，英语教学大纲和课程标准都要根据社会对英语人才的需求来制订，社会环境对英语教学具有促进作用。

2. 学校环境

所谓学校环境，主要指班级的大小、教学设施、课外活动、师生关系等。学生学习的最好场所就是学校，其直接影响英语教学。只有学校的教学信息和各种各样的硬件设施比较完善才能促进英语教学的成功。

（1）教学信息。现代化的教学设施既可以提供一些学习工具给学生，还可以对学生的信息渠道进行拓展。学生既可以从教材和课本中获取英语知识，还可以从互联网上获取英语知识。英语学习不能只是在课本上开展，还应该进行相关的实践练习。所以，现代的信息网络技术使得学生从中获取信息的同时，还可以和外界进行英语交流。

（2）教学设备。教学设备也是学校教学中非常重要的组成部分。学校的教学设备涵盖了很多方面，比如教室、图书馆、办公楼、宿舍等。教学设备的完善程度对英语教学活动的开展具有直接的影响。如果教学设施比较好，其对学生的学习意识的增强有积极的意义。一些语音教室和多媒体设备能够支持学生进行口语学习，这样，学生的口语水平可以提高，可有效缓解学生的疲劳，还能提高学生学习英语的积极性。总的来说，这些比较现代化的教学设备促进了英语教学的发展。

第三节　大学英语教学的改革

一、改变教学理念，以学生为中心

以前的英语教学对语言的结构非常重视，并且认为，在英语教学中，语法是最重要的，学生只要学会了语法规则，就能学会语言，就能使用语言。在这个基础上，高等院校教学一般都是以教师为中心。但是，随着语言教学理论的不断发展，再加上交际教学法的出现，人们逐渐意识到，学习主要是学生的事情，学生是学习的内因，自己对学习效果的影响是最根本的。所以，把学生当作学习的中心的教学理念被提了出来，主要目的在于促进学生学习积极性的提高，促进教学效果的提高。

杜威是美国比较有名的教育学家，他倡导这样的教育理念——把儿童当作中心，这一理念促进了"以学生为中心"的理念的出现。杜威认为，教学的中心并不是教师，在开展教学的时候，不能采用灌输式的教学方式，而是要以儿童为中心组织教学，把儿童学习的积极性和主动性最大限度地发挥出来。在这个基础上，倡导人本主义的主要代表性人物——罗杰斯也提出了"以学生为中心"的教育理念。罗杰斯认为，学生本身是有学习潜力的，如果学生学习的内容和自身的需要有关联，学生就会积极进行学习，学习的效果就会得到很大提升。受到这样的观点的影响，教师慢慢认识到，自己不应该站在高处对学生进行指挥和灌输知识，而应该是学生开展学习的合作人员、指挥人员和组织人员。教师需要对怎样把学生当作学习的中心、取得较好的教学效果进行深入研究。不得不指出来的一点是，把学生当作学习的中心并不是说教师就可以什么都不管了，也并不是说教师的工作变得轻松了。

实际上，在把学生当作学习的中心的前提下开展教学的时候，教师既需要参与教学活动，还需要与学生进行合作，只有这样，才能完成整个教学任务。在这个过程中，教师需要帮助和指导学生，还要评估教学活动的开展情况和学习的效果，这样可以促进教学活动的顺利进行，从而取得较好的效果。因此，我们可以看出，把学生当作学习的中心，教师的角色发生了变化，相当于是学生的顾问，其既需要对学生的实际需要有所把握，还要对学生进行一定的帮助，从而做好学习的准备，促进课堂活动的顺利完成。所以，和传统意义上把教师当作学习的中心的教学理念相比较，教师的工作变得更加多了，也更加繁重了，而不是减少了、减轻了。

二、改变传统的大学英语教学目标

制订合理的教学改革目标，首先就是对英语课程的教学过程有所了解。教育部相关部门对于现在学校的英语教学过程进行了相关的政策规定，同时，也增加了很多其他的要求和规范。学校开展英语教学并不是随意的，而是有目的、有目标的，这样可以提升学生的英语学习能力和沟通能力，特别是学生的听、说、读、写等综合能力，有利于他们进行未来的英语学习和生活。

由于我国长期以来的教学形式的影响已经根深蒂固，而学生的英语学习基础也参差不齐，这就导致了同学们学习的过程和最终成绩并不相同。面对这种情况，英语教师应该为学生创设一个更加适合于他们学习的环境，增强英语的适用性，提升学生的学习激情和动力，最终实现教学目标的改革。

三、重视教材研究、开发与选择

1. 重视大学英语教材体系的研究和开发

教材是实现英语课程教学目标的重要材料和手段。教材为学生提供的语言材料是学生学习语言知识和发展语言技能的重要来源，教材中的语言实践活动和练习是学习语言知识和发展语言技能的重要过程和途径。要想完成教学内容、实现教学目标，就要对合适的教材进行选择和使用，较高水平和较高质量的教材不论是对教师、学生，还是对教学过程、教学结果都有积极的意义。

目前，随着大学英语教学改革的深入和推进，大学英语教材体系也发生了翻天覆地的变化。英语教材在内容和形式上更新颖、更先进，而丰富多样的英语教材在推动大学英语课程改革方面发挥了重要作用。与此同时，外语教育界的学者和一线教师对教材的认识也发生了显著的变化。在大学英语改革的过程中，对教材研究表示重视和感兴趣的学者和教师越来越多。大学英语教学改革使得教材格局逐步向开放和自由的方向发展，教师和学校在教材的编写、选择、使用等方面拥有更多的自主权。对广大英语教师和英语教学研究者来说，新的教材制度和格局既是机遇又是挑战。为了把握机遇、应对挑战，各大高校应该积极开展有关英语教材的编写、评价、选择和使用等方面的理论和实践研究，挖掘自身潜力，为将来能够在英语教材的编写、选择、使用的过程中发挥应有的作用而创造条件。

另外，大学英语教材在编写时一定要通过一些辅助性的工具进行深度开发。要想和信息化教学的发展相适应，并且加大信息的输出量，编写教材既要适应学生的实际需要，还要运用现代信息技术，开发网络多媒体等教育教学资源库，为学生提供丰富的学习资源，弥补课堂上有限的教学时间和空间，既对学生的自主学习能力进行培养，还能对学生的可持续发展能力进行培养。

2. 选择教材的原则

（1）时代性原则。一些过时的文章和观点使学生在学习的过程感到乏味无趣，从而失去学习兴趣。因此，要选择一些内容体现当代生活和人文特点的教材，使学生在使用教材的过程中产生共鸣。

（2）多样性原则。在选择教材时选择内容比较丰富多样的教材。比如，文章题材的多样性，这样不仅使学生在学习的过程中觉得学习内容不单调，且涉及的领域比较宽广，使学生学到的知识更加多样。

（3）实用性原则。在教材选择过程中，特别要注意的就是它的实用性，就是教材要充分考虑大学生的实际情感、思想、生活和经历。

四、开展多样的英语教学模式

（一）实施个性化教育模式

应试教育使得学生在英语的学习过程中枯燥乏味，没有主动性，因此，个性化的教育及教学模式使得学生对英语教育有了新的认识，英语水平有了急速提高。所谓个性化教育，主要是指对学生的优良个性进行提升的教育。进行个性化教育是有前提的，主要体现在两个方面：第一，对学生本身就有的个性进行发掘并且给予尊重；第二，提供一定的物质条件来促进学生个性的提升。简单地说，个性化教学主要是指，教师借助比较个性化的教学手段来满足学生个性化的学习需求，进而促进学生个体的人格健康发展的这样一种教学活动。所谓英语个性化教学，是指在进行教学的过程中，教师要对每一个学生的个人价值予以充分的尊重，把学生最大的潜能发挥出来，使学生在遵循普遍性原则的前提下，根据自己的个性开展英语交流。

英语教师应十分注重教学活动中教师和学生的平等地位，强调通过师生之间、学生之间的互动，使得学生的成绩有效提升并且学有所用，不只是针对考试，而且在现实生活中也可以应用，提高英语的实际应用能力，而不只是考试工具。

（二）开展互动式教学模式与开放式教学模式

将传统单一的教学模式和教学方式转换为互动式教学。所谓的互助式教学，是指积极启发学生进行主动思考，并且积极参与其中的教学方式。在教学的过程中，教师发挥主导性作用，对知识进行引导，对教学进行组织，并且把教师的主导性的思想转化为学生自主进行学习的行动，最终取得较好的教学效果。

把封闭式的教学变成开放式的教学。现代教学依靠的是现代高科技信息技术，把传统意义上的学校为主的封闭式教学变成开放式的教学，借助于校园内部和外部网络进行多媒体教学、网上教学等，可以以最快的速度获得最新的信息。可以这样说，最为理想的开放式教学手段可能就是信息"高速公路"的实现。

（三）课堂内外结合的模式

学生在学习的过程中，教师要积极地给予一定的指导，在课后及时了解学生的学习进度，针对学生考试或者是测验之后的成绩进行相应的总结，及时发现问题并解决问题。学生的学习需要其内在动力支持，只有学生自己有学习英语的兴趣和动力，才能更好地实现教学目标和计划。学生在课堂上的时间是有限的，因此，在积极利用课堂时间的同时，也要充分利用课余的时间进行语言练习。

五、建立形成性评价和终结性评价相结合的评估体系

针对大学英语评价体系进行配套改革影响着整个大学英语改革的成功与失败。从大学英语教学整个过程看，健全和完善的大学英语评价体系应该包括起始性、形成性和终结性评价。但是，传统的大学英语教学往往只关注和普遍接受终结性评价所传递的信息，而这种信息往往远离教学的实际情况，不能全面而客观地反映教学中存在的问题。目前，很多高校已经意识到终结性评价的不完整性。由于终结性评价方式是以考试成绩作为最终评价标准，这无疑在某种程度上强化了分数的作用，使得相当一部分学生学习英语的动机和目的就是升学或考试。这种工具型的学习动机，显然不易激发学生学习英语的积极性和持久性。同时，这种评价体制也极大地挫伤和遏制了英语教师对语言教学内容和方式进行改革和探索的积极性、能动性和创造性。

为了适应大学英语教学改革的需要，不少高校专门成立了测试团队，负责本校的大学英语评价体系的改革工作。改革的重点是健全和完善已有的大学英语测试与评估体系，规范已有的终结性评价（主要是基于课程的学业/成绩考试），逐步加大形成性评估在整个教学评价体系中的比重，使形成性评价和终结性评价有机结合起来。

第二章　现代教育技术与英语教学

进入 21 世纪，以多媒体技术和网络技术为核心的信息技术飞速发展，并以惊人的速度进入教学的各个领域和环节，极大地丰富了现代教育技术的手段，并将带来教育领域的深刻变革。可以说，现代教育技术是整个教育改革的"制高点"和"突破口"。本章就从理论上论述现代教育技术对英语教学的影响。

第一节　教育技术与现代教育技术

一、教育技术相关概念

（一）教育和技术

在中国，一般来说，"教育"一词最早出现在《孟子·尽心上》中："君子有三乐，而王天下不与存焉。父母俱存，兄弟无故，一乐也；仰不愧于天，俯不怍于人，二乐也；得天下英才而教育之，三乐也。"其意思就是，君子比较开心的事情有三个，这三个中是不包括得到天下这件事情的。父母都健在，兄弟也都很健康，这是第一件让人感到开心的事情；抬头对得起上天，低头对得起广大人民，这是第二件让人开心的事情；结识天下的有才之人并且对其进行教导和培育，这是第三件让人开心的事情。到 19 世纪末 20 世纪初，"教育"已经是比较常用的词语。何子渊、丘逢甲等作为辛亥革命的元老、中国现代教育的奠基人，不顾顽固势力的干扰，成功地创办了新式学校。到 1905 年末，新学制颁布，废除科举制度，还在全国范围内对新式学堂进行推广，学校教育的主要内容变成了西方学说。现代汉语中的"教育"这个词语的普遍推行，以及中国教育的现代化，是对中国教育从"以学为本"转变为"以教为本"的反映。

西方社会对个体的发展非常重视，认为每个人都要进行一定的教育，并且借助于教育把个体的优点都展现出来，把体内潜在的力量都发掘出来。到底什么是教育呢？对其含义的解读已经慢慢变得一致。广义上的教育是指所有的具有一定目的性地对人的身心发展有所影响的社会实践活动；狭义上的教育是指学校教育，也就是教育人员根据社会的需要和受教育人员的发展规律，带有一定的目的性和计划性来对受教育人员的身心施加影响，并且期望受教育人员能够发生所期待的变化的活动。

什么是技术呢？实际上，技术就是一个历史范畴，它的含义并不是一成不变的，而是随着社会的变化而不断变化。技术的含义可以通过两个方式进行理解。广义上的技术是指在信息社会中，既包括有形的物质工具手段，又包括无形的非物质的智能方法。赛特勤是美国非常有名的教育技术史学家，他在自己创作的关于教育技术史的著作中指出，技术的重点是提高工作技能和组织工作，不是简单的工具和机器。

狭义上的技术在工业领域应用得比较广泛，主要是指有形的物质方面。在刚刚进入工业化社会的时候，人们普遍认为，所谓的技术，是指依据生产实践经验和自然科学原理发展出来的各种各样的物资设备和生产工具。从这个角度对教育技术中的"技术"进行理解，很自然地就会认为教育技术就是既包括硬件也包括软件的技术手段，换句话说，就是物化技术在教育领域中的应用即教育技术，媒体在教育中的应用就是教育技术。

（二）教育技术

在教育的各个学科中，所谓的教育技术，是指以视听教学、程序教学和系统设计科学为基础的一门新兴的分支学科。教育技术把现代教育理论当作基础，对系统科学和信息技术进行一定的运用，以此来促进教学效率的提高，对教育教学的过程进行优化的一种理论和实践的技术。

教育技术就是指"教育中的技术"，在开展的教育活动中，人类所采用的技术手段和方法的总称，其主要涵盖了两个要素——有形技术和无形技术。所谓有形技术，是指在有形的物体上所展现出来的科学知识，其涵盖的范围非常广泛，包括传统意义上的教具，也包括所有的可以用于教育的各种各样的设施设备、器材和对应软件。所谓无形技术，是指对教育教学过程中出现的问题进行解决的各种各样的技巧、方法和策略，当然，也包括其中所蕴含的教学思想和理论等。

教育技术发展到现在，人们更倾向于用系统的方法来定义教育技术。不同阶段的教育技术关注的技术重点不一样。教育技术概念的发展也体现着人类思维螺旋式上升的过程。进入 20 世纪 90 年代后，教育技术好像又回到了过去。世界各国的教育技术大体上都经历了一个从硬件建设、软件制作到系统方法和教学设计的过程，目前正在进一步向人类绩效技术转移。1970 年，美国教育传播与技术学协会成立，这可以认为是现代意义上的教育技术学科和研究领域形成的标志。

二、现代教育技术

（一）现代教育技术的定义

随着教育理论、实践和信息技术的发展，教育技术也不断发展。20 世纪 90 年代，现代教育技术这个词语应用得比较广泛，从本质上来说，其和"教育技术"是一样的。基于这样的观点，很多国内的学者对"现代教育技术"进行了解释。

（1）现代教育技术就是把计算机作为核心的信息技术在教育和教学中的运用。

（2）现代教育技术是指对现代化的教育理论和信息技术进行运用，借助于教和学的过程、开发应用资源来促进教学优化的理论和实践。

一方面，现代教育技术的核心内容是开发和应用现代信息技术；另一方面，现代教育技术没有因此放弃开发和应用传统媒体。因为信息技术不断发展，现在，人们已经适应了使用"现代教育技术"这一概念，因此，教育技术越来越具有现代性和信息性。

（二）现代教育技术的理论基础

1. 视听教育理论

人们借助于自身的感官来对周围的世界进行感知。特瑞克勒是著名的心理学家，他认为，一个人如果没有心理上的障碍和生理上的疾病，其对周围的世界进行了解的感觉器官中，借助于视觉进行学习的比例在83%，听觉的比例在11%，味觉的比例在1%，嗅觉的比例在3.5%，触觉的比例在1.5%。由此可以看出，在进行学习的过程中，视觉的地位是非常重要的，然后是听觉。所以，在对教育信息进行传递的过程中，视觉媒体的地位是非常重要的。所谓视听教育理论，是指对怎样借助于视觉、听觉的特点和功能来促进教育信息传递的效果的提高。所谓心理学基础，就是视感知规律、听感知规律和"经验之塔"理论，这些都把行为主义心理学当作基础。

（1）视感知规律。

①光的特性。

第一，三基色原理。中学时代，学习物理课程时，对三棱镜进行试验，白色的光经过三棱镜以后被分解成了很多颜色过渡的色谱，其中的颜色分别是红、橙、黄、绿、青、蓝、紫，这些都可以称为可见光谱。所谓三基色，是指红色、蓝色和绿色，人的眼睛对红色、蓝色和绿色最为敏感，大部分的颜色都可以用这三种颜色按照不同的比例合成。同样，大部分的单色光也都可以被分解成红色、蓝色和绿色。以上所说的就是色度学的基本原理，也就是三基色原理。

红色、蓝色和绿色这三种颜色都是相互独立的，不论哪一种基色，都不能通过另外两种基色合成。红色、蓝色和绿色这三种基色可以根据不同的比例加在一起组合成混色，称作相加混色，当然，不只是有相加混色法，还有相减混色法。可以随时根据自己的需要相加或者相减来对颜色进行调配。

第二，色彩三要素。可以使用色调、亮度和饱和度来描述色彩。人的眼睛所能看到的任何一种彩色的光都是这三个特性综合产生的效果，这三个特性就是色彩的三要素，光波的波长对色调有一定的影响，光波的幅度对亮度和饱和度有一定的影响。

所谓色调，就是对颜色的类别的反映，通过光的波长所引起的一种视觉感。一般我们所说的红色、绿色等，指的就是色调。

所谓亮度，就是光在人的眼睛上发生作用时所引起的或明亮或阴暗的一种感觉。被观察物体的发光强度、照射光强度和反射光强度都对亮度具有一定的影响。

所谓饱和度，是指彩色光所呈现出来的色彩的纯度，也就是其中所掺杂进白色光的程度。针对同一种色调的彩色光，饱和程度越高，其颜色就越深；饱和程度越低，颜色就越浅。

我们还可以把色调和饱和度合起来称为色度。一般来说，亮度是指彩色的明暗的程度，色度是指颜色的类别和深浅的程度。

②人眼的视觉特性。当人们在观看各种各样的图像时，人的视觉可以对画面的综合质量进行鉴定，因此，要对人的眼睛的视觉特性进行较为科学的运用。

第一，视觉的光谱灵敏度。人的眼睛对于波长不一样的光的敏感度是不一样的，最为敏感的是波长为 555nm 的绿光，在这个绿光的两边，随着波长的增加或者随着波长的减少，敏感度不断下降直到零。实际上，可见光的波长在 380~780nm，人们能够看到的大多数光都不是一种波长的光，而是波长不一样的光组成的光。

第二，视觉范围。所谓人的视觉范围，是指人的眼睛所能感觉到亮度变化的范围，这一范围是非常广泛的。为什么会出现这样的情况呢？随着外界光或强或弱的变化，人的眼睛的感光作用也是不断进行调整的，这样的调节能力称作眼睛的适应性。人的眼睛感光的适应性主要表现在这几个方面——暗适应、亮适应、局部适应。

人的眼睛的明暗感觉是相对而言的。人的眼睛在对实际景物进行观察时，亮度感觉既和景物的亮度有关，还和周围环境的亮度有关。由此可以看出，人的眼睛的亮度感觉是随着环境亮度的变化而不断变化的。因此，在进行教学时，需要把门窗适当地遮挡一下，降低教室内的照度，从而提高电视、投影画面的亮度。

第三，分辨力。所谓人眼的分辨力，是指人的眼睛所能分辨出来的被观察物体上相邻近的两点到人的眼睛所张开的视角的倒数。人的眼睛的分辨力和物体在视网膜上的成像位置、光的照度、景物的相对对比度都有紧密的联系。除此之外，对静止和运动的物体进行观察时，人的眼睛的分辨力也是不一样的，运动的速度越高，分辨力就会越低。

人的眼睛对彩色细节的分辨能力是比较低的。在进行教学时，要尽可能地在黑色的板子上写白色的字或者在白色的板子上写黑色的字，这样可以让文字看起来更加清晰，学生学习起来就会比较方便。

第四，视觉惰性。当人的眼睛在观察景物时，光的信号传到人的大脑中是需要一定时间的，光的作用结束以后，视觉形象并不会很快消失，这种保留下来的视觉就是"后像"，我们把这样的一种视觉现象叫作"视觉惰性"。在电影技术中就已经应用了视觉惰性。现在，不论是电影、电视，还是动画，都对视觉惰性进行了巧妙运用，让人感觉图像比较真实。

（2）听感知规律。

①声波传播的特点。物体振动产生了声音。在媒质的传播中，声音变成了声波。并不是所有的声音都能被人的耳朵听到，只有频率在 20～20000Hz 的声波才能被人的耳朵感知到，低于 20Hz 的是次声波，高于 20000Hz 的是超声波，这两种声波称为机械波。当声波在传播的过程中遇到了障碍物在一定程度上被吸收和折射以后，就会逐渐衰减，形成反射声波，再经过一段时间才会消失，这样的现象就是混响。混响不只是声音进行传播的一种特性，还对室内的音质有重要的影响。利用混响的时间来对混响进行衡量，混响的时间是指从声音发出来开始一直到衰减到 60dB 所需要的时间。

在室内，混响的时间受到房间的体积、墙壁的表面等因素的影响。房间的体积越小，墙壁的表面越粗糙、柔软或者多孔，混响的时间越短；与此相反，房间的体积越大，墙壁的表面越光滑，混响的时间就越长。除此之外，通常来说，空旷的房间内，混响的时间就会比较长，如果房间充满了东西，混响的时间就会变短。一般来说，录音室、演播室的墙壁都是进行过处理的，可以对声音进行吸收，混响的时间是很短的。

房间内混响时间的长短影响听音效果。混响的时间比较短，声音就会比较干，非常的单薄和枯燥；混响时间比较长，声音就会比较空洞，不清晰，或者是有很强的回声，把学生的注意力都分散了，对教学效果不利。混响的时间必须恰当，只有这样，声音才会比较清晰和厚重。

②声音三要素。人的耳朵对声音的感知有三个主观听感因素——响度、音调和音色。

第一，响度。人的耳朵对声音强弱的主观感受，称作响度。声波的振幅对响度具有决定性的作用。声波的振幅越大，声音的响度也就越高。人的耳朵对不一样频率的声音的响度感觉是不一样的，换句话说，强度相同的声音的频率不一样，那么，其响度感也就不一样。频率太高或者太低，响度感就很差，频率中等的声音，响度感很高。

分贝是声压级单位，通常记为 dB。分贝是对声音强度的相对大小进行计量的单位，分贝值是声音的量度单位。一般人可能听到的强度范围在 0～140dB。当声音逐渐变弱到正好可以听见的时候，声音强度就是"听阈"。当声音不断增大，让人感觉到耳朵疼的时候，这个阈值就是"痛阈"。一般来说，相对于 1kHz 纯音，0～20dB 指宁静声，30～40dB 指微弱声，50～70dB 指正常声，80～100dB 指响音声，110～130dB 指极响声。

第二，音调。人的耳朵对声音的高低的主观感觉就是音调。可以使用客观的物理量来对音调和声波的频率是否相对应进行度量。所谓频率，是指物体在 1s 内振动的次数。当物体振动得越快，频率也就越高。因此，音调和发声体振动的频率有着紧密的关系。发声体的频率越高，音调也就越高；发声体的频率越低，音调也就越低。通常来说，女子的音调比男子的音调高，孩子的音调比大人的音调高。

第三，音色。音色是人耳对各种频率、各种强度的声波的综合反应。音色与声波的振动波形有关，或者说与声音的频谱结构有关。通俗地讲，音色就是声音的特色，二胡和吉他演奏同一首歌，人们能根据声音的特色将它们分辨出来，人的声音的音色也因人而异，所以，在现实生活中，人们闭着眼也能听出是哪位熟人在讲话。

乐器演奏某一频率的声音，有一基本振动频率，称为基频或基音，同时，又产生一些基频整数倍的其他频率的声音，称为谐音。乐器的音色是由谐音的多少和强度所决定的，谐音的多少和强度千变万化，形成各种各样的音色。音色能创造出变幻莫测、绚丽多彩的声音海洋。

③听觉的方位感和立体声。

第一，双耳效应。双耳效应是人们依靠双耳间的音量差、时间差和音色差判别声音方位的效应。当声音的来源偏向于左边耳朵或者是右边耳朵的时候，也就是和两个耳朵的正前方的中轴线相偏离的时候，声音的来源到达左边耳朵和右边耳朵的距离是有一定差距的，最终会使得到达两个耳朵的声音在声音级别、时间和相位方面有一定差异。这种比较微小的差别可以被人的耳朵的听觉感知，并且传入大脑中，和已存储在大脑中的听觉经验进行比较和分析，对声音的方位进行判断。

第二，立体声。正是由于双耳效应，人们可以准确地判断音源的方位，所以说，人们听到的声音是立体的。然而，当使用一个话筒把舞台上的声音放大然后再播放出来，人们所听到的声音就不是立体的了。使用两个话筒放在左边和右边两个不同的位置上，使用两条线路分别对两路声音的信号进行放大，然后借助于左右两边的扬声器把声音播放出来，这样就可以把舞台上的立体声重新展现出来。此时，人们就可以感受到不一样的声音是从不一样的位置传过来的，这就是人们平时所说的双声道立体声。立体声不只是有双声道，还有环绕立体声，声道的数量越多，聆听的时候就越有现场感。

（3）"经验之塔"理论。在各种各样的和视听教育有关的研究中，最具有代表性的是"经验之塔"理论，这一理论是美国非常有名的教育家戴尔在他的著作《教学中的视听方法》中提出来的。因为戴尔使用一个学习经验的三角形宝塔图来表示人类获取知识的各种各样的途径和方法，所以，这个理论也叫作"经验之塔"理论。学习所得到的经验可以根据抽象程度划分为三大类——做的经验、观察的经验、抽象的经验。做的经验位于塔的最底端，是最直接的经验；观察的经验位于塔中间的五个层次，越往上越抽象；抽象的经验位于塔最顶端的两层，是最抽象的。

经验之塔的基本观点主要包括以下内容。

①塔最底层的经验是最具体的，越向上，越抽象。

②学习方法。教育应该从具体的经验开始着手，然后一点一点过渡，这是比较有效的方法。

③教育升华。开展教育并不能仅仅满足于获取具体的经验，而是应该向抽象化发展，使具体化的经验普遍化，最终形成一定的概念。

④教学媒体。在开展教学的时候，可以使用各种各样的教学媒体，这样可以让教育变得更为生动和形象，进而进行更为具体的抽象。

⑤替代经验。在塔中间的"广播、录音、照片、幻灯、电影、电视"的经验是替代经验，其提供的经验更为具体，并且可以打破时间和空间的限制，对学生直接经验的不足进行弥补。

"经验之塔"理论对经验的抽象程度的关系进行了论述，和人们对事物的认识从具体到抽象、从感性到理性、从个别到一般的认识规律是相符合的。所以，"经验之塔"理论是视听教育理论的基础，也是现代教育技术一个重要的理论。

2. 教育传播理论

（1）传播的基本概念。一开始，"传播"这个词是指通信、传达、联系，后来，主要是指对信息进行交换和交流。不论是在自然界中还是在人类社会中，传播是普遍存在的，因为传播活动具有普遍性，因而传播类型具有多样性。广义上的传播是指大自然中一切信息的传送或交换。狭义上的传播主要是指人类的信息传播，进一步划分为内在传播、人和人之间的传播。

（2）传播的主要模式。在对传播过程进行研究时，传播学者一般都会把传播过程分解成许多个要素，然后使用一定的方法来对要素之间的关系和作用进行研究，这就形成了对传播过程进行研究的模式。比较具有代表性的主要有拉斯威尔传播模式、贝罗传播模式。

（3）教育传播理论的应用。所谓教育传播，是指教育人员根据一定的要求和目的，选择比较合适的信息内容，借助比较有效的媒体，把知识、技能、思想等传达给特定的教育对象的一种活动。在教学中，教育传播理论的应用主要有以下几方面的表现。

①教学过程中的双向性。传播教学信息是借助于教师和学生两方的传播行为实现的，因此，在设计教学过程时，需要对教和学两个方面进行分析，并且要对

反馈信息进行充分利用，随时随地进行调整，最终促进教学目标的实现。

②对教学传播过程的基本阶段进行确定。教学传播的过程是一个连续的、动态的过程。然而，为了研究起来比较方便，南国农、李运林把教学传播过程划分为六个阶段——确定信息、选择媒体、通道传送、接收解释、评价反馈、调整再传送。

③对教学传播过程中的各种各样的规律进行揭示。在现代教学中，传播学和教育学进行了较为有效的结合。通常，人们会把教学看作信息的传播过程，在对传播学和教育学的综合运用中形成了一定的理论和方法，对教育信息传播活动的过程和规律进行了揭示，从而取得最好的教学效果。

第一，共识律。所谓共识，包括两方面内容，一方面是对学生已经有的知识、技能和特点进行尊重，把传递关系建立起来；另一方面是依据教学的目标和内容，教师借助于多种方式方法为学生创建知识技能，对知识进行传授，使学生把已有知识和将要学习的材料进行有效结合，进而进行传播。在选择和传递教学信息时，既需要考虑学生已经有的知识、技能，还需要考虑学生的发展潜能。因为教学传播过程是动态平衡的，学生的心智水平也是不断发展的，故而这种共识也是相对而言的，是循环发展的。

第二，谐振律。谐振是指教师对信息进行传递的"信息源频率"和学生对信息进行接收的"固有频率"是比较贴近的，两者在信息的交流和传播方面是有一定的共鸣的。

第三，选择律。在开展教学传播活动时，都需要选择教学的内容、方法和媒体，这样的选择既要能促进学生的身心发展，还要能实现教学目标，并且付出最小的代价。选择教学媒体是教育技术最为关心的。

第四，匹配律。匹配是指在开展教学活动时，要对学生、目标、媒体等进行剖析，促进各种要素的有效结合，保证教学传播系统的良性运转。

第二节　现代教育技术对英语"教"与"学"的积极影响

一、现代教育技术对英语教学中"教"的积极影响

信息技术发展非常迅速，现代教学的理论也在不断完善，教学理念也在不断创新。多媒体和计算机技术在教育中的广泛应用改变了传统意义上的教学方式。

（一）教学主体不再单一

在传统的教学中，教师是主体，学生是客体，但是，由于科学技术不断进步，信息化程度不断提升，主体和客体越来越接近，学生也能成为教学的主体。对于

教师来说，很多新技术也是新的事物，需要不断学习，这就体现了教学相长。

因为科学技术不断进步，教学方式和方法不断改革创新，更多的教学手段在实践中得到广泛应用。信息技术和教学课程进行有效的结合，再加上信息环境的变化，传统意义上的教学主体发生了变化，教师的主体作用被削弱，学生的主体作用被强化。信息技术让学习变得简单化，并不需要过多地进行讲解。

传统的课堂教学模式受到冲击，研究性学习和探究性学习广泛运用。例如，大学开设的课程可以转化为网络课程，学生可以进行自主式学习，只需要在学期末参加考核即可，平时并不需要老师的课堂指导。

（二）教学内容变得更加丰富

长时间以来，大多数人认为教学的内容就是课本中的知识，并且认为，获取知识的唯一来源就是书本。当现代教育技术出现以后，教学内容不再受到书本的限制，教学资源也变得多样化。当现代科学技术和教学进行了有效的结合以后，以前的只是由教师提供教学资源的比较固定的模式被打破，甚至在一些比较发达的地区可能会消失。学习人员既可以从信息化环境、数字化终端获取信息，还可以从其他人那里获取知识。

因为网络的发展非常迅速，网络课堂逐渐进入一般家庭生活中。科学技术不断发展，教学内容也随之不断发生改变，这是社会发展的普遍性要求。随着科学技术的进步，教学内容也会发生相应的变化。

科学技术尤其是信息技术使教学内容变得越来越丰富。在这里，丰富的含义包括两个方面：一是教学资源变得丰富；二是对资源进行获取的途径变得丰富。传统意义上的教学内容的主要载体是教材、文字等，教学比较枯燥无味，不利于调动学生学习的积极性和主动性。但是，现代科学技术的发展使教学内容变得生动、有趣，促进了学生学习积极性的提高。

（三）教育资料更加多样

科学技术的快速发展使我国的信息化水平得到快速提升，也使我国高校教育资料的来源变得越来越多样化。在我国传统的教学模式中，学生的知识主要来源于教师的课堂讲解以及教材资料。然而，在信息技术时代，学生也就是受教育者，可以从很多新的途径获取自己需要的知识和资料，如计算机、图书馆等。由此可见，现代教育技术的发展使我国高校的教育资料的获取途径变得更加多样，并呈现出非线性结构。

先进的科学技术发展得越快，教育技术也就更新得越快，这也逐渐改变了我国的高校教学结构。在先进教育技术的帮助下，学生可以有更多的途径来获取教育资源，这也比较符合人们认识事物并挖掘事物客观规律的过程。在具体的教学实践中，学生或者其他的受教育者可以根据自身的学习水平、进度、方法等来合理安排自己的学习过程。很明显，在传统的教学方式中，学生获取教育资料的途径比较单一，因而学生只能依靠课堂学习来获得知识，这样学生的学习就失去了个性化。

将现代教育技术运用到实际的教学中就能够极大地克服传统教学的缺点，现代教育技术的运用可以使学生通过多样化的渠道获取学习的资料，丰富和完善学生的知识体系。同时，也能够让学生从宏观层面了解世界，更能够让学生从微观层面了解世界。

（四）教学模式更加多元化

所谓教学模式，是指在一定的教育理念、思想的基础上确立的一种相对稳定的教学结构、活动程序等。教学模式具有鲜明的特点，第一，教学模式具有较强的指向性，即教学模式都是根据一定的教学目标来设计的，因而教学模式适用的教学范围是有限的；第二，教学模式具有可操作性，即这种模式是可以在实践中运用的，具有一定的实践依据；第三，教学模式具有完整性，即教学模式既包括教学的理论知识，也包括教学的实践知识，是二者的统一；第四，教学模式具有稳定性，即教学模式在一定的环境和历史时期是相对稳定的；第五，教学模式具有灵活性，即教学模式也会根据实际的教学情况进行细微的调整，这种调整的幅度不会特别大。它的灵活性和稳定性都是相对的，不是一成不变的。

在 20 世纪始终占据主导地位的教学模式就是著名的教育家赫尔巴特提出的"四段论"。随着教育学家对教育的研究不断深入，越来越多的学者提出了更多的教学模式。如杜威提出的实用主义教学模式等。

科学技术的快速发展为教育教学注入了很多新鲜活力，使高校的教学模式变得更加多样化，同时也提升了教学的质量，使教学的媒介种类变得越来越多。在传统的教学模式中，教师使用比较多的教学媒介就是教材、黑板以及模型等，随着信息技术的发展，现代教师把更多先进的教学辅助系统引入实际教学中，如投影仪以及多媒体设备等，这些先进的技术也得到了教师和学生的认可。

在传统的高校教学模式中，教师在课堂中授课，学生听教师讲课，每个学生的学习进度都是一致的。然而不同的学生个体之间存在差异，传统的教学模式无法满足学生的个性化发展需求。科技的进步促进了现代教育技术的进步与更新，同时也使个性化教育成为一种现实。在个性化教学中，教师可以根据学生的特点制订不同的教学计划，同时，学生也可以根据自身的学习条件制订自己的学习计划，这样不仅可以提升教和学的效率，还能增强学生之间的互动和合作。

（五）师生交流机会更多

在现代教育技术的辅助下出现了一些公共的师生教育平台，这样的平台有利于教师教学工作的开展，也有利于加强教师和学生之间的交流。在传统的教学模式中，师生之间是一种不平等的地位，教师和学生交流的机会非常少，然而，借助于网络平台，教育者可以比较便捷地与被教育者沟通和交流，可以大幅度提升教学的效率。例如，在实际教学中，教师可以借助多媒体技术为学生提供优质的多媒体资源，从而让学生更加直观地学习知识，并与教师进行互动和交流。此外，在网络平台中，学生还可以向教师提问，教师可以在网络平台中帮助学生答疑解惑。

借助于先进的网络平台，学生就可以实现在家开展自主学习，而且学生的学习方式也更加多样化，学生不再是每天对着书本学习，学生也可以通过计算机、平板等设备来开展线上学习，这样学生可以通过眼睛、耳朵、手等多种感官共同提升学习的效率。通过师生交流平台，教师和学生之间的互动变得更加便捷、高效，学生也可以通过网络平台重复学习教师讲解的知识点，复习已经学习过的知识点，或者反复观看自己不明白的知识点讲解，从而加深学生的理解，学生的学习就基本可以打破时间以及空间的限制。在我国传统的教学模式中，如果教师和学生之间出现了问题，那么他们只有面对面地交流才能够解决这些问题，这样就会消耗更多的时间以及精力等，而且在面对面交流的过程中，学生通常会感到很腼腆，大多数学生在面对面的交流中不敢真实地表达自己的想法，而网络平台的教学则可以减少上述情况的发生，使教师和学生之间的沟通变得更加顺畅。

此外，师生交流平台还能够让更多的学生学习优质的学习资源，实现资源的共享，从而提升教育资源的利用率，降低教育事业的成本。在我国传统的教学模式中，通常一个教师会面对几十个或者几百个学生，当学生的数量比较少时，教师的教学效果会比较好，一旦学生的数量变多，教学的效果就会变差，因而人数的多少会较大地影响教学的质量。然而，在网络平台教学中，教师和学生之间不存在这样的关系，无论学生的数量多少，都不会影响教学的质量，而教师可以同时为多个同学答疑解惑，提升了教学的实际效率。

二、现代教育技术对英语教学中"学"的积极影响

在我国传统的教育模式中，人们过分强调了教师"教"的作用而忽视了学生"学"的作用。实际上，学生才是学习的主体，教师应该在教学中充分调动学生的学习积极性，从而使学生主动学习英语的知识和技能。

（一）学习效率有所提高

众所周知，对于学生而言，无论学习什么知识，兴趣都是其学习的重要推动力。因而将现代教育技术应用到英语教学中可以提升学生的学习兴趣，能够使学生更加热爱英语这门学科，并愿意主动学习和练习英语知识。

在我国以往传统的教学模式中，教师在课堂中教学主要是通过口头语言的表达以及黑板的板书等形式把教材中的知识传递给学生，这种授课方式很古板，难以激发学生的学习兴趣。当教师在教学中遇到非常抽象复杂的知识点时，教师往往只是通过语言描述向学生讲解，这也加深了学生的理解难度，一旦出现学生理

解不了的情况，也会降低学生的学习兴趣，阻碍学生的进步。由此可见，在信息技术快速发展的当今社会，我国传统的教育方式需要革新和改变。

在新的时代背景下，出现了很多先进的教育技术。这些教育技术形式新颖，而且深受教师和学生的喜爱，教师和学生都可以在比较短的时间内掌握这些技术，并运用这些技术为学生的学习铺路。例如，在实际的英语教学中，教师利用多媒体技术开展英语教学可以让学生理解一些比较抽象和复杂的中西文化差异等问题，从而帮助学生理解这些文化差异，使学生更好地掌握相关的基础知识。多媒体技术往往集声音、画面、文字于一体，能够给学生带来很好的视觉感受，也能够极大地吸引学生的学习兴趣和注意力，这样的方法也可以大幅提升学生的学习质量。

（二）学习个性得到凸显

在信息技术时代，教师把多样化的信息技术应用到教育中，能够显著凸显学生的个性，实现学生的个性化发展需求。个性化教育的定义为：能够适应每个学生的学习特点以及学习水平的教育方法，满足每位学生的实际学习需求。将现代教育技术应用到英语教学中遵循的教学原则就是"教师是主导，学生是主体"。具体而言，在实际的英语教学中，学生才是英语学习的主体，教师只是起到一个辅助的作用，学生借助于先进的现代教育技术开展学习活动，如果遇到不懂的问题或者疑惑，学生可以请教教师，但是学生要积极主动地建构自己的知识，便于自己掌握相关的专业知识，提升自我。

很明显，学生才是学习的主体，他们应该根据自己的学习条件主动开展学习活动。在现代教育技术的辅助下，学生应该调整自己的心态，选择适合自己学习风格的学习方式，从而制订高效且能够实现的学习目标和计划等。

在多样化的现代技术辅助之下，学生可以根据实际需求实现个性化的学习。学生个体之间存在差异，每个学生都有自己不同的学习风格，教师在教学的过程中尽量不要给学生制订相同的计划，而是引导每个学生根据自身学习情况制订适合自己的学习计划、目标等，采用适合自己的学习方式，从而实现学生的个性化学习目的。

在现代教育技术的帮助之下，学生获取知识的途径变多了，同时，学生可以更加直观、生动地学习英语教学中比较抽象的知识点。现代教育技术十分先进，它能够使学生的英语学习不再受到时间以及空间等各项因素的限制，使学生可以在任何时间任何地点开展学习，而且它能够使学生的学习更加直观、高效，便于学生的理解。

将现代教育技术应用到实际的英语教学中，可以使学生的学习变得更加高效、直观和生动，它也能够提升学生的综合学习能力，而且它也更加有利于学生的个性化学习。教师在英语教学中利用现代教育技术能够为学生带来大量的学习资源，学生可以学习很多课本以外的背景知识，丰富学生的知识储备，还能够激发学生的英语学习兴趣，使学生意识到学习英语的重要意义。此外，借助于现代信息技术，学生还能够在学习中开发自己的智力，涉猎其他领域的知识，提升学生的探究能力。总之，现代教育技术能够优化学生的学习环境，为学生营造一个轻松、高效的学习环境。

（三）学生的自主学习能力得以增强

随着科学技术的快速发展，现在先进的计算机技术已经应用到很多领域，并覆盖到了我国大多数地区。信息技术的这种发展趋势也有利于大幅度提升学生的自主学习能力。很明显，在现代信息技术的帮助下，学生可以根据自己的时间安排选择适合自己的学习方式来开展自主学习，这也能够帮助学生养成良好的学习习惯，使学生明白自己才是学习的主人，教师只是学生学习的引路人和帮助者。

目前，在我国很多学校中，很多教师都在尝试把先进的教育技术应用到学校的英语教学中。在现代教育技术中，人们运用比较多的教育技术就是网络，因为它的覆盖面广，学生可以比较便捷地获取各项网络学习资源。

众所周知，网络空间是一个虚拟且看不见的空间，然而它却为教学提供了极大的便利，有助于提升教师的教学效率和学生的学习效率，因而人们应该更加客观、准确地看待网络。对于某些青少年而言，他们可能会沉迷于网络，迷失自我，教师在利用网络开展教学的过程中一定要注意防范这种现象的发生。实际上，网络是一把双刃剑，它除了能够对学生产生不良的影响，其还会为学生的学习提供很多便利，网络的优点主要包括如下几个方面：第一，它能够改变学生的学习方式；第二，它使学生的学习可以打破时间以及空间的限制，如学生在家就可以浏览不同地区的图书馆书籍资料等；第三，学生通过网络可以运用远程教育开展学习活动。

（四）实现教学相长

无论是在传统的教学模式中，还是将先进的现代教育技术引入英语教学中，教师和学生之间都应该保持一种合作的关系，从而实现教学相长，教师和学生都能够获得成长和提高。在我国传统的教学模式中，教师关注的重点就是如何完成学校布置的教学任务，而学生则只注重学习，这种教学方式是比较片面的。在现代教育技术的辅助下，教师和学生都应该转变自己的思想，从而实现教学相长。

目前，我国的现代教育强调的是，教师需要和学生保持紧密的联系，两者共同进步和提高，从而实现双赢。这就要求教师要改变自己的角色，使自己成为学生学习的引路人，而学生也要改变自己的角色，使自己成为学习的主人，这样才能最终实现教师和学生共同进步。

第三节　现代教育技术在英语教学中应用的必要性与可行性

一、现代教育技术在英语教学中应用的必要性

（一）现代教育技术应用于英语教学是时代发展的需要

21世纪是一个信息技术爆炸的时代，这个时代和以往的时代具有显著的差异。在知识大爆炸时代，每个人每天都会接触很多新知识，学生获取知识的途径也不再局限于课堂中，这也对我国传统的教学模式产生较大的冲击。对于英语教学而言，把先进的现代教育技术引入英语教学迫在眉睫，这是一项重要的改革。

在新的时代背景下，需要不断改革教育方式和手段，从而使教育能够紧紧跟上时代发展的脚步，使学校教育培养出来的学生能够掌握学习方式，从而快速学习新知识，避免与时代脱节的现象发生。这就需要教师把现代教育技术引入实际英语教学，从而不断完善我国现代英语的教学思路和方式，提升英语教学的质量。

在信息知识暴增的新时期，社会中每个人的分工都变得更加细微，而且各个大型企业都对招聘的人才提出了更加具体的要求，这些企业在招聘的过程中更加重视毕业生的综合实力，而不是某个学科的素质和能力。因此，这就要求我国高校的培养目标也要做出相应的调整，从而提升大学生的综合实力，为社会的发展培养更多有用的人才。

对于英语这门语言学科而言，高校一定要准确定位英语学科的地位，科学规划英语学科的发展，采用现代信息技术辅助英语教学，从而提升英语教学的职业性、实用性。

（二）现代教育技术应用于英语教学是英语学科发展的需要

在全球一体化的今天，中国与世界各国之间的联系和贸易往来变得越来越密切，在这个过程中，英语发挥了重要作用，它是重要的沟通工具。因而将现代教育技术应用到英语教学中也是英语这门学科发展的客观需求，它能够为学生的英语学习提供更多的学习资料和学习环境，能够为学生的英语口语练习提供更多的机会等，从而让学生敢于开口说英语，敢于用英语和他人交谈等。

目前，我国很多高校都在大力推行课程改革，这也使英语教学发生了一定的变化，即很多高校的英语课时变得比较紧张。众所周知，随着时代的发展和社会的进步，英语的教学内容在不断增加，高校比较紧缺的英语课时已经难以满足实际的英语教学需求。因而高校的英语教师为了高效地完成英语教学的内容就需要采用现代教育技术，才可以解决上述现实教学问题。

随着高校逐渐将现代教育技术引入各个学院中，很多学院的教师都取得了不

错的教学效果，英语教学也不例外。对于高校的教育改革而言，利用先进的教育技术就是一种重要的改革途径，同时，现代教育技术能够优化教学环境，为教师和学生提供现代化的自由教学场所，使学生能够自由自在地开展学习活动。

把现代信息技术应用到英语教学中可以拓宽英语教学的内容、丰富英语教学的手段并使英语教学的资料变得更加多样化。这样也能够提升学生的英语学习兴趣，使学生乐于学习英语。在英语的网络学习平台中，如果学生在学习的过程中遇到了问题，学生可以通过网络及时与英语教师或者其他同学沟通，请求他们的帮助，同时，学生可以在网络教学平台中搜索自己感兴趣的英语资料，开展自主学习，这种学习的效率更高。

（三）现代教育技术与英语教学能够完美契合

在实际的英语教学实践中，教师要想将现代教育技术融入英语教学中，就需要深入地研究英语教学的过程以及各项教育技术的应用。在此基础之上，才可以把二者完美地契合在一起。

1. 现代教育技术在英语教学中的定位

为了更好地将现代教育技术应用到高校的英语教学实践中，首先需要确定现代教育技术在英语教学中的定位，这样才能在英语教学中合理恰当地使用现代教育技术手段为英语教学服务，才能够合理分配传统课堂教学和现代教育技术教学的授课时间。

（1）现代教育技术是教学的辅助工具，用来实现英语教学的优化。虽然现代教育技术具有很多显著的优势，然而，在实际的英语教学中，现代教育技术实际上就是一种教学辅助工具的作用，它和教师在传统教学中使用的黑板、粉笔等教学工具的作用是一致的。这就是现代教育技术在英语教学中的定位，即它是一种高效的英语教学辅助工具。由此可知，现代教育技术确实可以为英语教学提供很多便利条件，然而真正对教学质量产生影响的是教学中的"人"，而不是这些技术本身，所以，英语教师在英语教学实践中要合理地开发和利用现代教育技术，从而使其更好地为英语教学服务。

在任何一门学科的教学中，教师的作用都是巨大的，即使再先进的现代教育技术也无法取代教师在教学中的作用。对于英语教学而言，教师将现代教育技术引入英语教学中的目的在于丰富学生的视野，使学生可以获取更多的英语资源或者激发学生的英语学习兴趣，而不是向学生展示现代教育技术的高端或者绚丽。教师和学生一定要明确现代教育技术在英语教学中的定位，只有这样，教师和学生才能在教学和学习中合理地利用现代教育技术，而不是把它当作学习的全部。

（2）现代教育技术与传统教学媒体和教学手段的关系。在英语教学中运用现代教育技术，师生不仅要明确现代教育技术的定位，还要正确区分现代教育技术与传统教学媒体之间的关系。实际上，二者并不是一种完全对立的关系，现代教育技术是对我国传统教学媒体的一种补充。虽然现代教育技术具有很多传统媒体无法比拟的优势，但是它也不是全能的，它也存在一定的缺点，因而教师在实际的英语教学中应该结合现代教育技术和传统的教学媒体，综合采用这些教学媒体来为学生提供教学的课程。此外，在英语教学中，并不是所有的课程都适合采用多媒体等技术手段授课，而且不同的课程类型应该采用不同的媒体形式。

2. 现代教育技术条件下英语学科的特性

（1）英语的工具性与人文性的统一。无论是在小学教育中，还是在中学教育或大学教育中，英语都是一门十分重要的学科。和其他的学科教学特点进行对比就可以发现，英语这门学科具有很强的工具性，人们在不同阶段学习英语的最终目的就是为了在实践中运用英语这门语言，方便与他人进行英语沟通。因而英语教师和学生都要明确英语学科的工具性特征。这就要求英语教师在日常的教学中为学生创设较多的英语练习机会，让学生在实践中运用英语，从而提升学生的英语综合能力。而英语的人文性则体现在，英语教师在教学中要引导学生学习和了解中国的传统文化，并用英语向其他人传递中华民族的优秀传统文化及传统美德等，塑造学生的人文精神，培养学生成为积极、乐观、豁达的人。

从本质上进行分析，英语的工具性和人文性二者之间的关系是十分紧密的。师生重视英语工具性是实现英语人文性的重要基础，而师生重视英语的人文性才能更好地推进英语工具性的发展。二者是一种相辅相成的关系。

（2）英语的言语性与情感性的统一。众所周知，英语是一门重要的语言，因而英语这门学科的另一个显著特点就是言语性。实际上，学生在学习英语这门学科的过程就是学生在了解和学习一门语言的过程，其中包括学习英语语言的词汇、短语、语法、句式以及固定搭配等，并学习在实践中运用这门语言。英语学科的言语性就是指师生学习英语的最终目的就是使用这门语言，因为英语的一切教学活动都必须紧紧围绕着英语的言语活动。

对于英语这门学科而言，其情感性的表现为如下几点：第一，从教学主体的视角分析英语学科的情感性。在实际的英语教学中，无论是教师和学生，他们都是带有情感的个体，他们在教学过程中的接触都是有情感的，即教师尊重和保护学生，而学生热爱和尊敬教师等。在师生交往中，情感因素发挥了重要的作用。第二，从教学目标的视角分析英语学科的情感性。在相关部门制订的教学目标中，情感目标的实现是一项重要的教学目标。在英语教学中，其情感目标就是要培养学生具有阳光、豁达的情感，使学生乐于并敢于开口使用英语交流。第三，从教学内容的视角分析英语学科的情感性。在英语教学实践中，教师通常是通过讲解一篇一篇的英语课文来讲解英语的相关知识点，而英语的每篇课文实际上都包含着作者的情感，是作者某种情感的表达和倾诉。总而言之，英语这门学科具有丰富的情感性。

　　由此可见，在英语教学实践中，英语这门学科的言语性和情感性是联系紧密的，具体表现在：第一，学生在学习英语言语的过程中学习和感受言语中体现的情感因素；第二，学生也可以通过英语这门语言来表达自己的情感，抒发自己的看法等。

　　（3）信息时代英语教学内容的新特点。众所周知，英语这门语言实质上就是一种沟通和交流的工具，它也是传承文化的重要载体。在中国，无论是什么阶段的学生都要学习英语，由此可见，英语是一门基础性学科，其具有重要的学习价值。在具体的英语教学中，它可以分为英语听力教学、英语口语教学、英语阅读教学、英语写作教学、英语翻译教学等部分。在信息技术时代，英语的教学内容都发生了较大改变。在英语阅读教学中，教师需要引导学生掌握阅读的技巧和方法，使学生能够快速、高效地阅读。在传统的教学模式中，学生阅读的英语资料主要是纸质资料，在信息时代，学生除了可以阅读纸质的资料以外，还可以阅读大量的电子版资料，这就要求学生一定要掌握一定的阅读技巧，如寻读、跳读等，从而使学生可以在大量的电子资料中找到有用、有价值的信息。

　　在英语的学科教学中，英语的写作教学是其教学中的重要部分。在信息技术时代，不同个体之间的沟通方式不再局限于书信往来或者电话等，人们更多的是采用电子系统来交流，这就需要高校大力改革英语写作的教学方法。学生在英语写作中要有真情实感，这样的作文才能够吸引他人的目光，因而借助于现代教育技术，不仅能够提升学生的英语写作技巧，还能辅助教师批改学生的英语写作作文，同时加强了教师与学生之间的互动。

　　在实际的英语教学中，英语口语交际实际上就是要大力培养学生的英语口语水平以及听力水平，让学生在英语交际中能够听懂对方的语言，并且能够用英语表达自己的思想和看法等。在信息技术时代，人们都已经意识到英语口语表达的重要性，然而现实却是，我国大多数高校的英语教学还是采用传统的教学方式，多数学生还是哑巴式英语，他们能够看懂英语的文章，却不会也不敢用英语与他人交流和沟通，因而我国的高校一定要改革英语的口语教学方式。将现代教育技术应用到英语口语教学中，能够为每个学生提供练习口语的机会，使学生敢于开口说英语并及时发现自己的英语口语问题，从而提升学生的英语口语能力。

　　3. 现代教育技术与英语教学的融合

　　著名的教育专家何克抗教授曾经指出，现代教育技术和课程进行融合的本质就是利用先进的教育技术来激发学生的学习兴趣，使学生运用这些教育技术主动开展自主学习活动。教师也可以利用现代教育技术为学生创设一定的情境，从而优化学生的学习环境，培养学生的创新精神和实践能力。

　　基于教育专家的建议，把现代教育技术和实际的英语教学融合就是指，教师在一定的教学和学习理论指导下，在英语教学中充分运用现代教育技术，深度挖掘现代教育技术的优势，根据不同的英语课程特点选择不同的教育技术，从而创新英语教学的方式，改善英语教学的质量。

二、现代教育技术在英语教学中应用的可行性

（一）现代教育技术营造了良好的英语教学氛围

众所周知，高校学生学习英语的教材并不是固定不变的，其也会适当地更新教材的内容，然而它更新的频率和速度比较慢，这就导致学校的英语教材中有一些教学的内容和实际的生产生活不符，容易造成学生的误解，加大学生的理解难度。

当遇到上述情况时，学生就可以借助于先进的现代教育技术来查询各种资料，从而寻找解决英语教材中问题的答案。例如，学生可以借助网络平台来查询资料等。在英语教学中，教师将多媒体技术应用到教学中可以为学生提供优质的教学资源，激发学生的学习欲望，并给学生带来愉悦的感官体验。又如，教师可以将虚拟现实技术应用到实际的英语教学中，使学生体验动态的三维效果，给学生带来震撼的体验，并激发学生继续探索英语新知识的信念。由此可见，各种先进的教育技术能够给学生带来新鲜感，活跃课堂气氛。

在良好的英语课堂氛围里面，英语教师要及时、准确地引导学生学习英语，这样学生就可以高效地运用现代教育技术辅助英语的学习。

（二）现代教育技术激发了学生学习英语的兴趣

在课程改革的要求下，教师应该重视学生自主学习能力的培养，并教会学生查找资料的正确方法。对于教师来说，向学生传授有效的教学方法是极为必要的。在教学的时候，教师不能只注重培养学生的听说读写能力，还应该切实提高学生学习英语的兴趣。通过将现代教育技术引入教学中，学生可以接触大量直观、生动的视听材料，从而获得学习的兴趣与动力。

在兴趣的引导下，人们会深入了解自己喜欢的事物，对于学习来说也是如此，有很多的心理研究都得出了同样的结论：当学生对所学的知识充满兴趣的时候，他们的大脑皮层是非常兴奋的，此时他们的各项智力因素都会得到同步提高，并以积极的精力去学习。

赞克夫是著名的教育学家，他认为，教师在教学中应该时刻关注学生情绪的微妙变化，尽力给学生塑造一种轻松愉悦的学习氛围，最大限度地调动起学生学习的积极性。

在目前的课堂教学中，教师已经可将音频、视频以及其他的多种元素等融入课堂中，这显然能给学生带来多重刺激，使得知识以一种更为生动的方式呈现，这显然可以提高学生学习的积极性，引发他们的好奇心，从而产生学习兴趣，当

学生在充满新奇的氛围中探索时，他们的思维就会变得更为活跃，学习效率会更高。

（三）现代教育技术有助于学生创新意识的培养

教师应该对网络教学有清醒的认识，如果将教学仅归纳为制作精美的课件，那显然是大错特错的。如果学生观看精美的课件，却没有真正学到知识的话，那么再多的努力都是徒劳的。所以，教师应该利用计算机的优势，着力激发学生学习的主动性，提高他们的创新能力。

在网络平台的支持下，学生的各种感官系统都可以得以充分调动，这样利于他们将全部的精力都投入学习中。在多媒体教学日益普及的当下，学生学习的创新能力已经得到了大幅提高。教师在制作课件的时候可以设置一下，让学生可以主动进行知识学习，从而锻炼他们的表达能力。

过去，教师是教学活动的主导者，他们往往是以一种高高在上的态度出现在课堂上，对于知识，学生仅是被动地获取，这显然不利于学生创造性的发挥。随着教育技术的日益推广，教师开展教学的方法越来越多，学生也可以在更为丰富的情境中开展学习，这样就可以不断提高他们的学习自主性。

与此同时，教师与学生之间的交流也会日益增多，这就使得教学的理论与实践之间形成了良好互动。教育实践证明，利用现代教育技术开展教学能有效激发学生学习的兴趣，培养他们的学习能力。

（四）现代教育技术有助于学生协作能力的培养

在课堂上，教师就可以根据需要自主开展互动式教学，在采用此种教学模式时，不仅需要创设合适的语言情境，还应该为学生营造出轻松的学习氛围。在开展英语教学的过程中，学生个体应该积极参与课堂活动，并且与同学团结协作，除了知识的传授，教师还应该重视学生实践能力的拓展。语言的学习离不开练习，生动的第二语言环境非常重要，对于教师来说，就应该为学生营造出锻炼口语的真实情境。

在学习的过程中，学生不仅需要掌握学习的方法，还应该实现语言的灵活运用，除此之外，教师还应该着力培养学生的实践能力以及创新精神。在此目标下，学生在学习的时候应该学会分享，并逐步锻炼自己的思维能力以及创新能力。在现代教育技术的支持下，学生之间应该实现合作，并多与同学进行互动。

学生的学习能力是在教师的培养以及引导下逐步形成的，学生应该提升自己的理念，实现从"要我学"到"我要学"的转变。在多媒体的环境下，师生之间沟通的渠道更多了，那么，教师就应该利用好新工具，多与学生交流，多发挥学生学习的主动性，从而让学生自主进行知识的建构，逐步培养他们自主学习的意识。

第四节　现代教育技术对英语教学信息化的推动

一、英语教育信息化的任务

我们可以将英语信息化的任务简要概括为以下几点。

（1）信息化网络建设（基础）。

（2）信息化资源建设（核心）。

（3）信息化人才培养（关键）。

（4）信息技术应用（主阵地）。

（5）信息化产业建设（实效）。

（6）信息化政策制定（保障）。

教育资源开发所涵盖的内容是比较丰富的，不仅包括各种题库、课件以及网络课程的开发与建设，还包括各种参数的设置；教师还需要开发虚拟仿真实验型课件，包括工具软件库等；教师应该允许学生提交多样性的多媒体作品，比如，计算机绘画以及动画等。

二、推动英语教育信息化的措施

对于学校来说，可以开设信息技术教育教程，落实好英语教学，推进"校校通"工程的落实；实施远程教育，为人们的终身学习提供保证；扩大网络的覆盖面，让更多的师生能够享受便捷的网络；注重教学质量的提高，着力培养高素质的创新人才。

进行信息化教改，并让其落实到实践中：开展个别化自主学习教改试验；开展综合学习教改试验；开展学生探究学习教改试验；探究互联网综合学习教改试验；探究协作学习教改试验。

将探究学习设计与网络资源结合起来：优化自主学习设计，开展学生互评设计，进行交互学习以及协作学习设计。

将各教育专家、音乐专家、各学科专家结合起来，促进教育技术的提高，加强学校与校外公司的合作，设计出更好的网络课程。

教师在向学生反馈学习结果时，应该体现人本主义的相关观点，如果学生在练习的时候出现了错误，不要出现"错了"之类的提示，而应该以"重试"之类的词语代替。

第三章　基于现代教育技术的大学英语翻转课堂教学路径

随着信息技术的不断发展，英语对人们的影响也深入社会的方方面面。大学英语教学想要实现自身的改革与发展，也必须搭乘信息技术的东风，提高课堂效率，实现个性化学习，从而逐步提高学生的合作能力。本章论述了翻转课堂的基本知识，并探讨了翻转课堂与英语教学的结合。

第一节　翻转课堂概述

一、翻转课堂产生的背景

1. 信息技术发展的时代背景

随着社会的进步，人类的科技更为发达，空间技术、电子计算机技术以及原子能技术等的发展促使人类的生产与管理活动更加先进，第三次科技革命的发展使得信息技术获得了飞速发展，并且对社会产生了极为深远的影响。

当前社会处于数字化以及信息化时代的转型时期，新技术的发展也给各行各业带来了新的发展机遇。在当前时代，教育领域应该重新审视教育的模式以及方法，并应该将新技术运用到教学中，让教学发挥出更大的实效性，处于信息化的潮流中，教育的目标之一必然包含着让人们拥有获取信息、分析信息、处理信息的能力。

我国对信息技术的关注也在《国家中长期教育改革和发展规划纲要（2010—2020）》中体现了出来，纲要中明确了信息技术对于教育发展的重要影响，所以，应该引起我们的重视。在不同的教育方面以及环节，信息技术都会对其产生颠覆性的影响，当前的信息技术不仅改变了学生的学习习惯，并且也将会逐步改变学校教育的模式，所以，学校也应该及时转变教育理念，积极探索信息革命下教育变革的方法与方向。

2. 亟须变革的教育现实

在网络技术发展的背景下，人类社会显然已经步入了信息化时代。当下，人们不仅需要具备专业技能，还应该拥有一定的信息化能力，比如，应该掌握各种信息技术，并且学会处理各种突发状况；应该拥有自己独特的想法，而不是随波逐流；应该积极学习新的事物，而不是故步自封等。所以，当前教育的目标与以往相比显得更为丰富了，也更加重视个人的成长。但是，在传统的班级授课模式下，达成这些目标并不容易，所以，应该在审视当前教育教学现状的基础上逐步摸索出教学的新思路。

（1）当前的教学内容已经无法做好与社会实践的衔接。有很多的大学生在毕业之后都会感叹自己所学的知识无法运用到实践中，学习的内容也基本上会在毕业之后"还给"老师，正如这些学生所说，我们的教育确实存在与社会脱节的现象。尽管学生在学习的过程中锻炼了自己的逻辑思维能力，但是，在当前形势下，人们还需要关注学校课程体系是否能够促进学生的发展，只有构建好新的课程体系，才能逐步实现课程的生活化以及实践化。

（2）传统教学往往存在"一刀切"的教育状况。对于一些学得慢的学生来说，他们往往会抱怨教师讲得太快了，这个知识点自己还没有完全理解的时候，老师又开始讲下一个知识点了，但是迫于教学进度，只能硬着头皮再学习后面的知识，那些前面没有掌握好的知识就成了疑难点。长此以往，这样的疑难点会越来越多，这部分学生也就慢慢成了所谓的差生。

但是对于一些学得快的学生来说，他们能够很快领悟老师上课所讲解的内容，所以，在老师一遍一遍复述某个知识点的时候，他们就觉得非常厌烦，希望获得更深入的知识，或者是赶快学习下一个单元的新知识点，但是，传统的教学显然无法满足他们的这些需求。显然，这也会剥夺这些学生发掘自己潜能的机会，甚至还会慢慢降低他们学习的兴趣与积极性。所以，教育者就应该思考，如何才能让每一个学生都能获得适合自己的学习进度，充分发掘出每一个学生的潜能。

（3）传统教育不重视过程，只看重结果。在传统的教学中，只重视最终的测评，对于学生学习的过程并不在意，教师所关注的是学生所掌握的知识量的多少，却没有分析学生的感悟与体验；教师更关注的是学生的考试成绩，却没有关注如何指导学生，让学生"会学"。在现实社会中，不管是教师还是家长，所关注的往往都是学生的考试成绩，却忽视了学生良好学习习惯的培养，更不用说去重视学生性格的发展了。

（4）传统教学忽视了学生主体作用的发挥。在传统的教学中，教师主导课堂，但是学生学习的主动性却没有得到发展，教师往往会按照自己既定的教学计划展开教学，学生在课堂上只是疲于记录笔记，课后的大部分时间也用于完成作业，当前学生的学习现状就是听课—做笔记—考试，可以看出，留给学生独立思考的时间并不多，这显然会让学生失去探究学习的动力。尽管在课堂上教师认真讲解各种知识，以求得良好的教学效果，但是这并不利于发挥学生学习的积极性，也不利于学生成长为真正优秀的人。

可以看出，一方面，传统的教学有很多弊端；另一方面，当前社会又倡导终身学习，所以，当前的教育就应该抓住良好时机，做出变革。

3. 求知创新的社会需求

当前社会的生活节奏很快，并且对每个个体都提出了更高的要求。因此，人们要快节奏地学习各种新鲜的事物，也需要做一个积极的求知者，如果不想被社会淘汰就应该保持随时学习的能力，这样才能适应瞬息万变的社会发展，以应对未来的不确定性状况。

人们需要紧跟时代的步伐，在新的社会背景下重新审视自己的工作与生活，当前社会所需要的不仅仅是具有知识与技能的人才，还对人才的学习能力、发展潜力以及创新能力等提出了更高的要求，这就促使教师重新审视教育问题，怎样去培养学生，才能让学生获得更好的发展。

4. 学生学习的差异化需求

不同的学生个体之间都是独特的，并且都存在着差异，这些差异主要表现在以下几个方面。

（1）认知差异。认知方式又称为认知风格，是指学生在组织以及加工信息的过程中所表现出来的个体差异，其实质是个体在感知、思维、记忆等认知过程中所表现出来的不同的态度与方式。比如，有的学生喜欢在安静的环境中学习，但是对于有些学生来说，那些嘈杂的环境并不影响他们的学习进度；有些学生拥有极强的逻辑思维能力，但是有些学生却擅长形象思维……可以看出，学生的认知风格是各有差异的。

（2）学习风格差异。哈伯特·塞伦第一次提出了学习风格的概念，所谓学习风格，是指不同的学生在学习过程中喜欢并习惯了的学习方式，代表的是不同学习者的学习策略以及倾向的总和。

不同学习者的学习方式是不同的。以语文学习为例，有的学生喜欢找一个安静的地方读书，深入揣摩文章内容背后所表达的意义；有的学生喜欢大声朗读，在朗读中体会文章的深层次寓意。不同的学生，他们学习的步调是有差异的，所以，教师在讲授某个知识点的时候不能按照一个统一的教学设计开展。对于那些学习能力较强的学生来说，他们会认为这些内容早已经掌握，觉得老师所讲授的内容索然无味；但是，对于那些学得比较慢的学生来说，他们会认为教师讲得太快，甚至觉得自己赶不上教师的教学进度，从而渐渐地失去学习兴趣。

学习风格并没有好与坏之分，和智力也没有多大的关系，不能单纯地定义学得快的就一定好，学得慢的就一定不好。对于不同学习风格的学生，他们对知识点的掌握也是有差异的。在传统的课堂上，有的学生并没有足够的时间吸收课上的知识，但是知识的内化显然是需要一定时间的，如果给那些学得慢的学生足够的时间消化所学的知识，他们或许会拥有更加牢固和长久的记忆，所以，当前"一刀切"的教学方式显然忽略了学生学习风格的差异。

（3）学习动机差异。学习动机也属于一种非智力影响因素，包含学习的兴趣、学习的意志力等，能够起到维持和激发学生学习的作用。学习动机并不会对学生的认知过程有直接影响，但是，会间接增强学生的学习效果。比如，有些学生拥有较强的学习意志力，能够在一段较长的时间内保持良好的学习状态，所以，在教学的过程中，教师应该关注不同学生学习的非智力因素，根据学生的差异，制订不同的学习目标，让学生获得个性化的支持与指导。

在世界上，并没有两片完全相同的叶子，同样，世界上也没有两个完全相同的学生，不同的学生个体都存在独特的认知方式，这些特质结合在一起就构成了不同的学生个体，在这个重视个性的时代，教师就应该善于发现学生的个性，并让其得到最大限度的发展。

二、翻转课堂的概念

翻转课堂有很多名称，比如，颠倒课堂、翻转学习等，其实这些不同的叫法所反映出的意思是一样的，那么，到底什么才是翻转课堂呢？其英文是"Flipped Class Model"，可以翻译为"翻转课堂教学模式"。

在传统的课堂教学模式下，教师一般是在课堂上授课，布置一些作业让学生课后完成。与传统的模式不同，翻转课堂下的学习则将课堂变成了教师与学生以及学生与学生互动的场所，知识的获取是通过课后观看视频获得的，这样就可以让学生有足够的时间去内化课堂知识，通过课堂的讨论，学生也会对这个知识点有更加深入的认知。

所谓翻转课堂，是指由教师创建教学视频供学生在课前观看，在课堂上通过师生的面对面交流从而让知识得到传播的一个过程。

三、翻转课堂的特征

作为一种新型的教学模式，翻转课堂实现了对传统教学结构的重构，与传统的课堂相比，其具有以下几个特点。

1. 颠倒传统教学过程

与传统课堂相比，翻转课堂最大的特征是颠覆了传统的教学过程。在过去，教师是在课堂上讲解各知识点的，学生则选择在课下完成教师布置的作业，显然，知识的传授是在课堂上进行的，知识的内化环节则是在课后完成的。

但是，在翻转课堂模式下，学生会在课前提前观看教师发布的教学视频，从而完成知识的学习，显然知识的内化过程是放在课前完成的；在课堂上，学生就会将一些不明白的问题请教老师，老师会给出有针对性的指导意见，除此之外，学生还可以通过小组讨论的方式实现对知识的内化，从而达到学以致用的目标；在课后，学生就会借助各种教学资料实现对所学知识的巩固与深化。显然，翻转课堂已经颠覆了传统的教学过程。

2. 重新分配课堂时间

在翻转课堂教学模式下，教师所占用的课堂时间变少了，学生拥有了更多的学习活动时间。在传统教学模式下，教师占据了大部分课堂时间用来讲授各知识点，学生处于完全被动的学习状态，但是，在翻转课堂中，课堂上的大部分时间留给了学生，他们可以通过相互讨论加深对知识的理解，也可以获得教师更具有针对性的指导。

原先在课堂上讲授的知识被转移到了课下，但是却没有减少学生学习的知识量，并且还增加了学生之间的交流，这一转变显然可以提高学生对知识的理解。除此之外，教师在评价学生的时候，也会将课堂中的交互考虑在内。根据教师的评价，学生可以及时了解自己的学习情况，更好地掌握相关知识，在翻转课堂模式下，需要教师重新分配课堂时间从而实现课堂时间的高效利用。

3. 创新知识传授方式

在翻转课堂中，教学视频是组成课堂的最重要的部分，教师应该提前准备好各种教学视频以供学生学习。对于教学视频的讲授来说，所针对的往往是某一个特定的主题，所用的时间比较短，大多数会维持在十分钟以内。在观看视频的时候，学生可以随时按下暂停键，也可以选择重播，这样，学生就可以根据自己的进度控制学习进程。

在课前观看视频，学生的学习氛围会更加轻松，不需要像在课堂上那样紧张，也不必担心会遗漏各种知识点，以视频呈现为主的讲授方式还有利于学生课后对知识的巩固。

4. 转变师生角色

在教学过程中，教师与学生的角色已经发生了变化，此时，学生已经成了学习的中心。

在学生需要指导的时候，教师应该给他们提供必要的支持。显然，教师成了学生获取资源、处理信息的帮手，这就意味着在当前的教学模式下，教师已经不再是课堂的中心，其已经变成了教学的积极支持者，并且教师也需要提高自身的能力从而应对教学环境的转变。比如，教师应该学会制作视频资源，学会更好地管理课堂等。在完成某一个单元之后，教师需要检测学生知识的掌握情况，学生也能对自己的知识储备有一个大致的把握。

在传统课堂中，学生一直处于听讲—记笔记的状态，有些学生由于害怕会遗漏重要的知识点，所以，常处于精神高度紧绷状态，有些学生则在课堂上缺失了学习的兴趣。在课后的知识内化过程中，如果没有得到教师的支持，学生往往会有一种挫败感，长此以往就会丧失学习的兴趣。在翻转课堂模式下，学生摆脱了传统模式下被动接受知识的角色，成了知识意义的主动建构者，他们完全可以根据自己的步调选择学习的进度，对于难以理解的地方可以通过反复观看视频直到自己弄懂为止。在课堂上，学生也可以参与课堂中，与教师以及同学一起完成某一任务，显然学生的角色变为了知识的主动探究者。

第二节 大学英语翻转课堂的教学设计

一、大学英语翻转课堂教学设计的要素

在设计教学系统的时候，应该明确设计的基本要素，包括教学目标、教学内容以及教学方法等。翻转课堂是对传统课堂教学结构的颠覆，它改变了传统的以教师为中心的教学观念，更加侧重信息技术的使用，并且对学生自主学习能力以及协作学习能力等都做出了具体的规定。

（一）学习者设计

为了让学生以更高的效率开展学习，教师就应该做好教学设计，可以看出，学生处于学习的中心位置，只有对学习者进行深入分析才能让高效课堂的创建成为可能。教师在做任何决策的时候都应该从学生的角度出发进行考虑。在分析学习者的时候，教师应该明确不同学习者的个性，从而让学生实现个性化学习。在对学习者进行分析的时候，可以分析学习者的认知能力、学习态度、学习动机以及学习风格等。在开展教学的过程中，让教师对所有的学生都实行全面分析是不可能的，他们往往只是通过自己的经验对学生做出判断，然后采取相应的对策。

在实施英语翻转课堂的时候，应该让学生在课前学习相关知识，这样他们就能依据自己的节奏进行学习，对于不会的地方可暂停视频进行思考，可以看出，只要时间足够，学生就会学好这些知识。但是要想顺利实施翻转课堂，学生也需要具备一定的信息技术能力以及自学能力，同时，教师还需要考虑学习者的信息技能掌握情况。

（二）学习内容设计

学习的内容也就是通常意义上的教学内容，按照知识量的多少，可以将教学内容进行细分，比如，一门课程、一节课或者是一个知识点。知识是由多个知识点构成的，知识点是构成教学内容的最小单位。

在传统的教学模式下，教师主要依据课程标准确定教学的重点、难点，并且在讲授各种知识的时候也主要依靠教材上的顺序依次讲解，鲜有教师将知识点进行整合。在翻转课堂模式下，学生已经在课下提前学过这些知识点，所

以，就改变了课堂的目标，这显然就需要教师花费精力，对知识进行重新划分以及整合。

在翻转课堂模式下，教师在设计教学内容时，可以遵循"拆分—整合"的顺序，将不同单元里的知识点摘取出来，并将其进行仔细分类，有利于学生明确不同知识点之间的内在联系。教师也应该纵观教学目标，将这些知识点放在合适的时间给学生讲解。在录制相关教学视频时，教师以专题的形式组织各知识点，也可以按照教材的顺序对其进行重新排列，将各知识点融入不同的任务中。

（三）学习目标设计

在开展教学设计的时候，应该明确教学目标，并发挥教学目标的导向以及控制功能，让教学活动在教学目标的指引下向着正确的方向进行。

在对当前的翻转课堂进行分析之后，可以将学生的学习过程大致分为两个阶段，一是课前知识的内化阶段，二是课堂知识的内化阶段。在布鲁姆教育目标分类学理论的指导下，可以将第一阶段的重点放在记忆与理解，对于第二阶段，应该将其看作知识的应用阶段，可以看出，第二阶段的学习能有效提高学生对知识的应用程度。

（四）学习资源设计

学生在学习时需要相关材料的支持，可以将这些材料称为学习资源。如果教师为学生选择合适的学习资源，就可以降低学生的认知负荷，提高学生的学习效果。

按照来源的不同，可以将学习资源分为三类：

（1）原创资源，这类资源是指由教师根据教学的需要自己设计制作出来的学习资源；

（2）引用资源，这类资源不是教师独创的，而是根据教学需要借用的其他地方的资料，这些资料往往是作为辅助性资料使用的；

（3）生成资源，是指在教学过程中所产生的与学习相关的资源，包括学生的记录以及反思等。

（五）学习活动设计

此处的学习活动是指师生行为的总和，一般情况下，也可以称作教学活动，此处用"学习活动"的目的在于凸显翻转课堂"以学生为中心"的原则。

将翻转课堂中的学习活动划分为两类：课前自主学习活动及课堂交互活动。对于这两类活动，应该实现目标与任务上的衔接。在课前，学生可以通过自主学习相关知识，提出一些与学习相关的问题，在课堂上就可以与同学就这些问题开展讨论，讨论环节不仅能提高学生的口头表达能力，还有利于学生思维的锻炼。在开展各项学习活动的时候，应该遵循各项学习任务的指引，让学生开展更为高效的自主学习以及合作学习。

二、大学英语翻转课堂教学活动过程设计

（一）活动设计宗旨突出

将翻转课堂融入英语教学中，需要重视学生自主学习能力的培养，所以，在开展活动设计的时候要做到"和而不同"。

在课前准备环节，可以将学生分为几个小组，每个小组在四人左右，教师可以定好教学要点，让学生以组为单位进行学习材料的搜集。在课中，可以让学生展示搜集到的内容，不同小组之间可以取长补短，让自己的知识体系更加完善。

需要注意的是，在分组的时候应该遵循差异化的原则，让小组内成员实现优势互补。之后，小组内部可以推举出小组长，进行材料的整合以及各种问题的总结，这样就可以做到分而不乱。

自主学习的开展费时费力，最理想的开展自主学习的时间是寒暑假，因为此时学生拥有大量的时间，在假期开始之前，教师就可以把任务提前布置下去，各小组的成员也应该做好提前安排，这样就可以让学生拥有更加充裕的学习时间，从而更为合理地安排自己的学习内容。

（二）课前准备要求明确

对学生来说，翻转课堂拥有强大的自主性，在课程开始之前，教师就应该将本次课程的具体要求向学生阐明。

第一，应该明确情感目标，这样就可以让学生对本次任务的中心情感有明确的把握。

第二，在课前，教师应该准备好丰富的学习资源供学生使用，比如，参考书、教案、相关的学习视频等。在完成资料的初步筛选之后，就应该将合适的学习资源上传到网上，让学生能自主观看。在学生开展自主学习之前，教师需要向学生阐述明白本节课的学习任务。在完成课前任务之后，教师应该汇总学生学习时遇到的问题，及时做好答疑解惑。

第三，学生应该对教师所安排的任务有清晰的了解，不仅需要教师提供多样化的学习资源，还需要学生充分利用学习计划表，将自己在学习过程中所遇到的困难记录下来。

（三）课中学生自我展现充分

课堂是学生展示自我、实现知识内化的主要途径，在课堂上，学生可以将自己搜集到的各种资料以多元化的形式展示出来，并且还可以在课堂上阐述自己的看法。教师可以为学生构建多种教学情境，从而形成良好的学习氛围，让学生的学习兴趣得以激发，从而主动构建新知。

学生也可以通过彼此之间的交流，实现对材料的内化，也能让学生参与具体的教学情境中，并对知识产生更深入的了解，这样可以极大地激发出学生的学习

积极性。

通过协作学习可以逐步培养学生与人交往的能力，这是翻转课堂倡导下的主要学习方式，学生以小组为单位一起进行学习，并且在课堂结束之后派代表进行汇总发言。

（四）课后升华验收成果

可以将学生课前搜集资料的阶段看成是其知识的储备阶段，在课堂上，不同的小组成员之间可以通过相互交流实现知识的内化。在翻转课堂模式下，教师还要以作业的方式进行学习成果的验收，之后，教师会在课后对学生提交的作业进行评价，从而明确学生对知识的掌握程度。

第三节　翻转课堂在大学英语教学中的具体应用

一、基于翻转课堂的大学英语听力教学

最初，翻转课堂起源于美国，在将其引入大学听力教学的过程中，就应该考虑我国当前的教育状况，然后对这种教育模式进行整合。翻转课堂这种教学模式并不能适应每一个学科，也不是所有的课堂教学活动都适合用翻转课堂模式。在具体的教学环节，教师就应以教学的特点为基础开展课堂设计，在当下，许多英语教师都意识到翻转课堂的重要作用，并为课堂的转变注入活力。

（一）大学英语听力翻转课堂教学模式设计

课前，教师应该提前布置好各种作业，让学生自主完成。在教学过程中，应该发挥出教师的引导作用。应该改变传统的授课模式，不应该仅仅只是对学习材料进行解说，而是应该将教学的重点放在对学生听力技能的点拨上，改变当前单一的授课模式。

1. 教师准备部分

（1）编辑与教学相关的资料。除了充分利用教材自身带有的材料之外，教师还可以利用自己录制或者是已经准备好的音频。对于教材中不同单元所设计的单词以及短语等知识，都可以让学生进行课前自学，这样就可以节省宝贵的课堂时间，让教师为学生讲述一些更具针对性的问题。

如《新视野商务英语视听说》教材（上）Unit 5 Business Travel 主要论述了国际贸易方面的一些内容，在课前，教师就可以让学生提前学习这些知识点，这样他们就会对整个知识体系形成完整的认知，也利于之后的回顾与复习。

（2）整合网络的扩展资料。在教学过程中，如果教师总是围绕课本进行知识的讲解，那么学生所接触到的材料显然非常有限。如果学生的语言输入不足，会

显著影响他们的语言输出，长此以往，就会逐步降低学生学习的兴趣。

随着互联网的发展，网络上拥有很多的视频资源，比如，一些著名大学的公开课、微信微博上的视频资源等都可以供学生使用。英语听力的学习与其他知识的学习存在很大差异，学生要想学好听力，就需要进行大量的强化练习，所以，教师需要通过互联网平台多搜集一些与课程内容相关的视频以及音频资料等。

教师可以将网络上的资源进行整合，达到为教学所用的目的。在课前，教师可以选择一些难度适当的视频，让学生在课前进行模仿与练习，后面可以附上一些练习题，让学生在线提交，这样教师就可以直观地了解学生对知识的掌握情况。

对于不同水平的学生，教师可以设置不同等级的任务。对处于初级阶段的学生来说，教师可以将教学目标设定为让他们听明白主题以及大意；对处于高级阶段的学生来说，教师可以将教学目标设定为让他们听懂主题的详细信息。这样，处于不同阶段的学生都能有奋斗的方向，学习时也会更有动力，不会害怕目标太高达不成，也不用觉得目标太低没有挑战性。

（3）课内教学准备。在进行课内教学准备的时候，教师应该熟知翻转视频的各种细节，通过汇总学生学习过程中所遇到的问题，就可以总结出课堂教学的要点，在此基础上，教师也可以深挖教材，增加课堂学习的深度，启发学生进行深入思考，从而扩展学生的知识体系。

2. 学生活动部分

学生的活动主要是进行课前知识的自主学习，其学习环节主要包括两个方面，为了达成全部教学目标，只有学生完成一个阶段所有内容的学习之后才有权利进入下一学习阶段。

（1）了解学习任务。学生可以借助交流平台完成课内及课外学习任务，并且针对自身情况进行查漏补缺。

（2）观看翻转课堂视频。教师将视频上传到网络上之后，学生可以提前下载，也可以在线随时观看。在观看视频的时候，学生需要带着问题去学习与思考，并且还可以根据自己的情况掌握学习的步调，如果遇到自己不懂的地方，也可以在线与同学们随时交流。

3. 课堂教学

由于学生已经在课前进行了相关知识的学习，教师在教学中应该抓住重点，由于学生是带着疑问来上课的，此时教师就不应该将全部的精力放到简单理论知识的讲授上，而是应该集中精力解决学生不明白的地方。

在听力练习时，如果遇到与新生入校有关的题材，教师就可以向学生阐明可能会遇到的考点，除此之外，教师还可以将话题引向让学生更感兴趣的领域，比如给学生讲解一些常见形容词的用法，让学生有更多的时间与精力实现"听"以外的技能。

在多样化的课堂下，学生学习的动力可以被激发出来，尽管学生学习新知识的过程转移到了课下，但是课上也依然是学生获取知识、巩固与内化知识的重要渠道。在听力教学中，教师可以通过提供复述、演讲等多种新形式的听力材料让学生进行练习，体现出英语的工具性。同时，多样化的活动形式也改变了之前听力教学单一的模式，激发出了学生学习的热情。

4. 个别化辅导

翻转课堂改变了学生学习的顺序，将学生的自学放在了课下，课堂上的主要活动是学生将自己在课下预习中存在的问题提出来，教师解答，实现了教师与学生的互动，同时，学生之间也可以对某一问题进行讨论，实现了良好的互动。需要指出的是，教师在翻转课堂中扮演的主要角色是指导者，对学生在学习中的问题给予恰当指导，但是每个学生的具体学习情况会存在显著的差异，所以教师要尽可能地掌握每一个学生的学习动态，对其进行个别化辅导。传统英语课堂一般都是教师自己在讲台上讲解，学生没有多少机会参与教学活动，但是在翻转课堂上，教师给学生许多自由的时间，这样学生在学习完知识之后就拥有了消化知识的时间，更能使其了解自己学习上的不足，从而也能让教师尽快锁定对学生进行个别化辅导的重点。

（二）翻转课堂教学在英语听力教学中的具体应用

1. 课前准备

学生听力水平的提高需要一定的听力训练为基础，只有经过大量的听力练习，学生才能养成良好的听力习惯，强化听力效果。教师需要为学生搜集一些优质的听力材料，这些材料可以是与教学内容相关的 VOA 慢速英语时事新闻，这些原版英文文本能让学生了解西方人说英语时的思维习惯。当听力材料搜集完毕之后，教师可以将这些材料发布在班级的微信群中，学生可自行下载、练习，在练习过程中如果出现问题，可以及时通过微信向教师反馈。为了巩固听力练习的成果，教师可以让学生针对某一个听力材料反复听，当然，学生可以根据自己的时间选择练习听力的具体时间以及次数，可以说，翻转课堂听力教学给予了学生较大的自主性。

2. 小组学习

在具体的听力材料中，教师可以对班级里的学生进行分组，每组的人数控制在 4~6 人，这是一种新型的学习方式——合作学习。教师需要给每个小组分配听力任务，任务可以是相同的，也可以是不同的，应视每组学生的听力水平而定。当任务被分配到小组中时，小组长可以给每个小组成员分配具体的任务，各成员共同努力，完成资料的搜集工作。

3. 以学生为中心开展课堂活动

（1）教师与学生一起探讨问题的答案。教师需要掌握学生完成课前作业以及课中任务的情况，这样才能给予学生正确的评价，表扬那些出色完成任务的学生，同时对于那些没有完成任务的或者任务完成度不高的学生，教师也应该，给予他们适当的鼓励。在教师讲解完成之后依然有疑问的学生，可以在课下单独向教师请教，也可以利用微信等交际工具向教师请教。

（2）组织小组听力竞赛活动。教师可以向所有小组统一分配一个较长的英语听力任务，哪个小组最先高质量地完成听力任务，哪个小组就可以获得一些奖励，这能在一定程度上激发学生听力学习的积极性。

（3）进行情景演练。学生通常都很喜欢看电影，教师可以将一些学生感兴趣的电影片段裁剪下来，让学生进行角色扮演活动，重现电影中的场景，这样真实的情景显然是可以提高学生的听力水平的。

4. 课下交流

在课程完毕之后，教师还需要对学生在课堂上的表现进行评价，通过评价结果教师可以了解学生英语学习上的优势与不足，也可以据此规划以后的教学规划。此外，教师还需要给学生布置一些课下任务，主要任务就是进行英语听力练习，需要指出的是，教师布置练习任务时应该注意学生思维的发散性，让学生在听到一段话之后就可以联想到其他知识，从而丰富他们的英语知识结构体系。

二、基于翻转课堂的大学英语口语教学

我国《大学英语课程教学要求》开始关注学生的口语能力，强调各高校应该重视学生的口语能力培养问题，所以，在现阶段的大学英语教学体系中，口语教学已经成为英语教学的重点与难点。不仅教育研究者在努力分析大学英语口语教学的现状，总结前人优秀的研究成果，试图梳理出适合中国口语教学的新思路，而且英语一线教师也纷纷行动起来，通过自己过往的教学经验探索新的口语教学模式，以期中国大学英语教学可以尽早脱离"哑巴英语"的困境。现在是信息社会，信息技术的发展为教学提供了不竭的动力，一些以信息技术为基础的教学模式纷纷涌现出来，翻转课堂就是其中之一，这一模式恰好可以为大学英语口语教学提供借鉴。翻转课堂教学与一般的计算机辅助教学有着显著的差异，它能适应更加复杂的环境，也能提高学生的学习效率。

（一）大学英语口语翻转课堂教学模式设计

在英语口语教学中运用翻转课堂模式的最大难点并不是教学顺序的调整，而是英语教师是否已经适应这一模式。首先，在知识方面，教师需要将以前更具结构化的知识变得立体化，而在培养学生的能力方面，教师还需要引导学生借助互联网自行进行听力资料的收集，以培养学生收集信息的能力，这是英语听力教学的基础。教师在进行翻转课堂教学之前需要对学生进行分析，不仅要分析学生的学习动机与学习风格，而且还要分析学生的学习习惯与学习水平，也就是要全面

掌握学生的学习情况，更重要的是，还要分析是否可以利用教师提供的视频进行有效学习。课程内容必须要与翻转课堂的特点一致，一方面，视频时间一般被限制在15分钟以内，教师需要在这一时间段内找到合适的教学方法对某一知识点进行具体讲解；另一方面，学生也需要在这一时间段内掌握视频中比较有价值的知识点，从而使自己完成有效的学习。

教学视频是微课最为核心的资源，虽然视频短小精悍，但是却凝聚了教师对某一知识点教学的精华，同时，教学视频也是微课教学设计众多环节中比较重要的一环。

在探讨翻转课堂模式在大学英语口语教学中的应用问题时，笔者为了论述方便，便设计了英语口语课翻转课堂教学模型，这一模型主要包括以下几个阶段。

1. 课前阶段

（1）教师任务。为了加强备课的效果，教师们可以一起备课，共同制作导学案，同时，将本次课程的内容、目标等确立之后，教师们就可以开始着手微视频的录制工作。

（2）学生任务。学生可利用已经注册的账号登录在线平台，观看教师制作的微视频，观看的时间、地点与次数都可以由学生自主决定，此外，当学生没有明白视频中的某一知识点时，还可以通过暂停、回放去重新学习、思考。视频学习完成之后，学生的学习成果还需要被检验，检验形式就是做教师提前准备好的习题。

（3）在线交流。学生做完习题之后可以将自己的口语练习音频上传到在线平台，其他学生可以通过平台了解学生的学习情况，并对其中的问题共同商讨，这不仅有利于问题的解决，而且还加强了学生之间的互动。此外，教师在这一阶段并未缺席，他们也可听取学生的音频，在听取不同学生音频的基础上，总结学生容易出错的问题，从而在课上对其进行针对性指导。

2. 课堂阶段

（1）确定探究目标。探究目标不能由教师一人确定，而是需要学生的参与。目标可以是学生在课前反映的问题，也可以是学生发现的重难点问题。

（2）探究解决办法。小组探究活动可以以小组的形式展开。在探究活动中，教师可以根据课前自学的情况彼此交流对问题的看法，同时，教师也不能放任学生随意探究，而是要时刻关注每组学生的探究动态，以使每个小组都能找到解决的方法。不过，教师的干预要控制好一个度，不能过度指导，也不能不指导。

（3）成果展示。成果展示的形式是多种多样的，既有使用频率非常高的问答、演讲等形式，也有角色扮演、复述故事等新颖的形式，具体使用哪一种形式需要教师结合学生的意见确定，但要保证所选择的形式能够激发学生参与话题的欲望。

（4）巩固或拓展。每个学生的学习水平是不同的，因此在设置巩固性练习时，教师要考虑学生的差异，以期每个学生都可以实现对所学知识的巩固。此外，在选择题目时，教师需要给予学生较大的自主性，学习水平不高的学生可以选择一些基础性题目，而那些学习水平较高的学生则可以选择一些拓展性题目。

（5）评价与反馈。小组展示完成之后，小组内的学生可以先进行自评，之后再由学生对他们的学习成果进行点评。教师首先需要对学生的表现予以肯定，同时对于学生在探究过程中存在的问题，教师要客观地指出来，从而给予其更加专业的调整意见。需要指出的是，评价与反馈并不是只存在教学的某一个环节中，它"穿梭"于每一个环节中。

翻转课堂的一个优势就是可以给教师与学生提供丰富的资源，这些资源不仅有国内资源，而且更包括一些国外资源。英语教师在制作微视频时可以吸收来自世界各地优秀的资源，从而大大提高教学的质量与效率。伴随互联网成长起来的年轻一代大多喜欢一些碎片化的东西，比如年轻人都喜欢刷抖音短视频，这其实是符合人的注意力保持规律的。因此，微视频这种将时间维持在 10～20 分钟的形式就很好地满足了学生的学习需求，学生可以随时随地进行英语口语练习。

（二）翻转课堂教学模式在英语口语教学中的具体应用

1. 制作基于话题的英语口语微课

一方面，教师可依据课程标准对知识点进行详解，把讲解的过程录制下来，使其浓缩为一个 10 分钟左右的视频，并使用信息技术尽自己一切努力提升教学视频的质量。另一方面，教师还可以在网上下载一些英语本族语者录制的具有主题性的小视频，并把这些视频划入"课前学习任务单"，要求学生在上课前反复观看，并跟着视频进行复述，这样学生不仅能学习到原汁原味的英语，而且能开阔自己的视野。因为中国学生的母语毕竟不是英语，所以教师需要多给学生一些练习的时间。

2. 设计课堂活动，打造高效课堂

在课前学生已经完成了某些主题的口语练习，掌握了材料中存在的一些基础句型、常用对话，这极大地减轻了教师的课堂教学负担，在课堂上学生不需要再学习这些内容，他们的主要任务就是进行口语训练。口语训练最好的方式就是情境，教师可为学生设置与口语教学内容相关的情境，让学生在情境中进行角色扮演活动，这样真实的情境可以让学生将所学知识充分应用起来，从而帮助其完成知识的内化。活动结束后，其他学生可以对参与角色扮演的学生进行评价，教师也可以对其进行评价，评价的内容包括学生的发音、语法等。在课堂之外，教师与学生、学生与学生依然可以用微信、QQ 等进行良好的互动，当学生在学习中遇到问题时，可以与同伴一起探讨，共同找到问题的答案，也可以向教师请教。

3. 形成性评价方式

一般来说，英语口语评价最常用的方法就是终结性评价，就是将学生在期末

口语考试的成绩作为评价的最终结果。很明显，这种方式是片面的、不公平的，无法涵盖学生口语学习的全部。在笔者看来，口语翻转课堂不应该沿用传统英语口语评价形式，而是应该从自身的优势出发采用形成性评价。

第一，为学生设计"口语翻转课堂观察评估表"。教师不仅需要观察学生在英语课堂上的学习情况，而且需要观察其在网络平台上的学习情况，在分析、总结学生学习态度、方法等的基础上，积极引导学生，从而激发其学习口语的积极性；第二，对于课堂上的小组活动，当活动结束之后，小组内部可以进行自评，小组之间可以进行互评，教师也可以对各小组进行评价，这就保证了评价的全面性与科学性。

形成性评价最大的意义主要体现在两个方面：第一，使学生了解了自己在口语学习中的不足，从而在后续学习中进行有针对性的调整；第二，使教师全面把握了学生的学习动态与水平，并在此基础上进行教学反思，调整教学策略。

三、基于翻转课堂的大学英语阅读教学

在信息时代，翻转课堂是一种受师生所欢迎的新模式，它颠覆了教师和学生的角色。翻转课堂教学模式与传统的教学模式有很大的区别，在传统课堂教学中，教师是课堂的主导者，负责知识点的讲解，学生被动地接受知识。

（一）大学英语阅读翻转课堂教学模式设计

与传统英语阅读教学不同，翻转课堂改变了教师讲解内容的顺序，这部分内容被放在了课前，在课前，教师会为学生提供与所教内容相关的视频，学生通过观看视频完成自主学习，原本需要在课堂上学习的知识在课前就完成了内化。而课堂的大部分时间就可以用来解决学生在自主学习过程中遇到的问题，也可以用于教师与学生、学生与学生之间的讨论。

1. 课前教学设计

（1）教师方。首先，教师要根据学生的需求选择阅读材料。许多学生反映教师提供的阅读材料毫无新意，与他们的兴趣毫无关联，因而无法真正激发其阅读兴趣，所以，教师在选择阅读材料时必须从学生的角度出发，与时俱进，多选择一些游戏玩家、好莱坞演员的访谈等。同时，还需要注意的是，翻转课堂阅读教学主要的目的就是要让学生实现深度阅读，因此，阅读材料的篇幅不能太长，否则可能会影响学生阅读的效果。其次，教师需要根据自己的教学特点选择材料制作教学视频。可以将需要讲解的内容进行分割，相似的内容放在一个视频中，每个视频时长维持在 10~15 分钟，虽然每个视频是独立的知识点，但是教师还需要保证每个视频之间的逻辑性，保证所有视频提供的知识是可以形成体系的。

（2）学生方。学生在完成资料阅读之后就可以观看视频，学生要尽量掌握视频中的所有，对于重难点，还需要多看几次视频，进行重点分析与总结。若在学

习完毕后，学生仍然存在一些无法解决的问题，可以通过在线平台与同学一起探讨，也可以向教师请教。

2. 课中教学设计

通常情况下，阅读理解存在两个层次，一个是字面层次，另一个是评断层次。学生在课前观看完视频之后只是达到了字面层次，这是因为学生只是通过阅读简单掌握了英语词汇的功能与句型等基础知识，对英语文字的基本信息有了一定程度的掌握，但并未对阅读内容有深入的认知。阅读最主要也是最根本的目的是使学生可以达到评断层次，达到这一层次时，学生可以全方位地进行信息收集。然而，实现这个层次并不容易，需要学生在课堂上集中注意力进行深度阅读，阅读完毕之后，还需要就阅读过程中存在的问题与同学讨论。比如，教师可以让学生在完成阅读之后进行阅读材料的默写，这样不仅强化了学生的阅读效果，而且还在很大程度上提升了学生的阅读技能。

很多学生并不重视阅读，因此，在教学中，教师要时刻提醒学生阅读的重要性，要求学生要仔细研读阅读材料。仔细研读是学生进行深度阅读的一种形式，它能培养学生的高层思维技能。具体来看，教师可以采用示范研读的方式，在教师阅读完之后，学生进行集体研读，一方面，学生可以锻炼自己的口语能力；另一方面，学生还能初步掌握文章的逻辑结构。当然，教师没有必要一次性就将文章读完，可以先领学生阅读一个片段，当片段阅读结束之后，还可以让学生自己分析段落的结构、主题。之后，教师可以对学生进行分组，让学生以小组的形式对刚刚阅读的内容进行分析、讨论，并对学生讨论的结果予以点评。小组合作学习能让学生学习到其他同伴高效的阅读方式，同时，也能使其认识到自己在阅读过程中存在的不足。

3. 课后的总结与巩固

（1）教师方。在阅读课结束之后，教师还需要分析学生在课堂上的表现，从而准确掌握学生在阅读学习上的优势与不足，并将其存在的问题通过微信等聊天工具反馈给学生，同时，教师也可以根据学生的问题有针对性地提出一些改进建议。

（2）学生方。学生根据教师的反馈反思自己的学习，并根据教师的建议重新拟定英语阅读学习计划。

（二）翻转课堂教学模式在英语阅读教学中的具体应用

大多数学生的英语阅读并不是一帆风顺的，它总是会被学生的自身因素与各种客观因素所影响，而翻转课堂模式在英语阅读教学中的应用，让阅读教学变得更加高效，同时，学生的阅读学习质量也得以提高。

在笔者看来，翻转课堂模式在英语阅读教学中的应用，主要可以通过以下几个步骤实现。

1. 教师制作视频，教授学生正确的阅读步骤

教师可以在互联网上搜集一些与教学内容相关的视频，然后，结合自己的教学经验制作教学视频，视频的时长不宜过长，维持在 10 分钟左右为最佳。视频的内容主要是讲解英语阅读的具体步骤，以帮助学生规避阅读过程中的一些错误。

学生在第一遍阅读时要保证一定的速度，实现快速通篇阅读，这样做的主要目的是梳理文章脉络，了解文章的主题。

学生在第二遍阅读时要绝对认真，在学生阅读完成之后，教师需要引导学生对阅读材料中的重难点问题进行分析，从而使其可以自主解决问题，当然，学生如果无法解决，教师可以向其提供帮助。

2. 教师设计课前问题引导、课后问题检查

为了使视频起到预期效果，教师可以在结合课后练习的基础上向学生提出一定的学习要求与目标，同时，还可以设计一些课前问题，让学生带着问题阅读，使学生的阅读具有很强的目的性，保证学生能够认真对待阅读。此外，还需要注意的是，对于一些精读课文，学生不能像对待其他一般性课文一样，不能只掌握课文结构与主题大意，而是应该加强语言基础训练，提炼课文中的语言点，在课下进行反复练习。如果学生无法提炼课文中的语言点，教师就可以行动起来，帮助他们分析课文，为其圈出需要了解与掌握的一些重难点。课后巩固依然重要，这需要学生在课下自主完成相关阅读训练，并将问题反馈给教师，教师要对学生的问题进行检查，并给出合适的解决建议。

3. 选取英文报刊的文章

学生通过互联网可以了解到来自世界各地的知识，因此，教师必须提高自己的专业水平，否则，教师有可能都无法跟上学生的脚步。教师在教学之外要多注意搜集一些比较有名的英语期刊，例如 China Daily，21st Century，News Weekly 等，通过阅读期刊丰富自己的英语知识，提高自己的英语水平。

需要指出的是，这些英文期刊并不只是教师提升自己专业水平的方法，学生也可以通过阅读英文期刊强化自己的英语阅读学习。教师可以灵活设置报刊阅读课程，多给学生一些阅读报刊的机会，同时，还要为学生积极创设阅读情境，让学生在真实的情境中培养自己的阅读思维。学生也不应该只是依赖教师的"投喂"，每个英文期刊都包括不同的栏目，学生应该主动选取那些有着自己喜欢栏目的英文期刊进行阅读，而且，有些期刊对于一些重难点词汇还有标注，这更方便了学生的自主学习。因此，学生应该在生活中主动阅读英语期刊，不断提高自己的英语阅读能力。

翻转课堂在英语阅读教学中的应用，不仅拓展了教师搜集英语阅读材料的渠道，丰富了其英语阅读教学的方法体系，同时，也让学生认识到了阅读学习的重点不应是将注意力放在某个单词、语法的学习上，而应该是在理解文章主旨的基

础上培养阅读技巧。在这样的英语课堂上，学生会转变自己对于阅读学习的看法，也会更加认识到英语阅读的魅力，从而自觉进行英语阅读学习。

四、基于翻转课堂的大学英语写作教学

传统应试教育关注的是学生的分数，纵然分数在一定程度上是学生学习效果与学习水平的体现，但是对于英语教学来说，分数并不是最重要的，因为语言的学习重在实践，所以，听说读写译综合技能的培养才应该是英语教学的重点。为了实现这一教学目标，教育界开始了长时期的探索，并提出了不少新颖的教学模式，翻转课堂就是其中一种为大多数人所推崇的模式。大学英语写作教学正在面临革新，翻转课堂在写作教学中的应用，给大学英语写作教学带来了新的发展机遇。

（一）大学英语写作翻转课堂教学模式设计

翻转课堂在大学英语写作教学中的应用需要一定的理论支撑，这个理论就是布鲁纳（J. S. Bruner）的教育理论，在布鲁纳看来，一切教学活动都应该以学生为中心，能激发学生的积极性与主动性，同时，教师要发挥自己的主导作用，给予学生恰当的指导。教师要在认清翻转课堂本质的前提下开展写作教学活动，这样才能保证写作教学的科学性与合理性。在笔者看来，教师可以通过以下三个步骤实施教学。

1. 课前精心准备授课视频

授课视频最好可以由教师自己录制，因为教师了解自己班级的学生，可以根据学生的学习特点在视频中强调学习重点。当然，教师也可以从互联网上下载现成的视频，不过，教师要确保这类视频是适合自己班级的学生的。此外，视频的长度要有一定的限制，最好控制在 15 分钟左右，选取内容时要从教材与学生实际的学习情况出发，内容一般包括三部分：第一，写作基础理论知识；第二，一些优美的文章分析；第三，在其他英语学习中也能使用的核心写作词句。

2. 组织开展多种形式的课堂活动

（1）课堂讨论（小组讨论或全班讨论）。通常情况下，课堂讨论的现实意义主要有两点：第一，可以将学生在课前写作学习中遇到的问题汇总起来，教师根据问题进行针对性解答；第二，能够开阔学生的视野，启发学生的思维，还能帮助学生大量积累写作的素材。课堂讨论对学生而言是非常重要的，它不仅为学生的实际写作打下坚实的基础，而且极大地削弱了学生在写作时的焦虑感。

（2）课堂写作。在课堂讨论结束之后，教师可以向学生提供一些写作题目，学生根据自己的喜好选择题目进行课堂写作。学生必须要将自己学习的写作理论应用到写作中，同时，还要尽量呈现一些英语词汇、语法以及阅读学习中的学习成果。课堂写作可以帮助教师及时检验学生写作学习的成果。

（3）审阅指导。英语写作重视英语知识的输出，具有很强的实践性，学生要扎实掌握英语写作知识，并能将这些知识应用到写作的遣词造句和谋篇布局上。同时，要想知道学生的学习情况，还需要教师对学生的学习做出评价，评价的结果要及时反馈给学生，以使其可以调整自己的写作学习计划。此外，在翻转课堂模式下，教师批改作业的效率也提高了。

（4）成果展示。写作教学有效性的实现与教师的指导有密切的关系，同时，也与学生的情感参与关系密切，成果展示使学生更加积极地进行情感参与。学生在教师的指导下完成的写作进行成果展示，在这一阶段，教师要鼓励学生当着全班同学的面宣读自己的作文，同时，也可以与其他同学分享自己的写作心得。宣读自己作品的学生能够获得教师与学生的认可，其在后续写作中就会坚定写作的信心，而对于其他倾听的学生来说，这种分享可以让其学习到一些新的写作技巧，从而有助于提高其写作能力。

3. 课后有针对性地布置巩固性、拓展性练习

课上内容教授完成之后并不意味着教学的结束，课下练习也应是教学的一部分，它主要的作用就是巩固学生课上所学。因此，教师要给学生布置一些需要在课下完成的巩固性、拓展性习题，不过，需要指出的是，拓展性习题一般是给那些已经消化了课堂知识想要实现自我的提升的学生准备的。

（二）翻转课堂教学模式在英语写作教学中的具体应用

当前大学生的写作水平并不高，这可以从全国大学生英语四、六级写作考试平均分只有 5~7 分（满分 15）的现状上看出来。所以，大学英语教师应该意识到写作教学问题的严重性，改变教学观念与方式，努力挖掘一切可以利用的资源，创新教学模式。而翻转课堂实现了网络资源与书本资源的整合，突破了时间与空间的限制，可以说，该模式为教师的写作教学提供了有效的指导。因此，在笔者看来，教师可以在大学英语写作教学中引入翻转课堂模式。

1. 第一阶段的写作为"以读促写"

阅读是学生信息输入的方式，而写作是信息输出的方式，二者可以实现信息的互动。通常，学生要想写好一篇作文，其不仅要具备扎实的语法知识，有一定的词汇、句型积累，而且最重要的是，要对作品的主题有准确而深刻的理解。那些本身知识面就比较狭窄的学生是很难准确理解作文主题的，同样也无法写出好的文章。因此，教师在写作教学过程中要多鼓励学生大量阅读英语原版资料，在拓展自己视野的同时丰富自己的专业知识体系。写作训练是提升学生写作水平的有力途径，在写作课堂上，教师可以为学生提供与写作主题相关的文章，在学生阅读完成之后带领学生一起分析文章，使学生掌握文章书写的思路，然后让学生用自己的方式进行改写或者续写。需要说明的是，学生可以借助原文中的一些词汇或表达方式来充实自己的作品，这样就能在很大程度上降低学生的心理焦虑。

2. 第二阶段是自命题作文

在微视频中，教师会展示给学生一段材料，并对该材料进行解构、语法等知识的分析，然后从不同的角度出发找出可以写作的点，学生可以根据自己的写作喜好与写作能力选择合适的题目。教师还需要对材料中的一些重点短语与句型进行讲解，并让学生尽量掌握这些内容，当其进行相关主题写作时就可以把这些短语与句型应用到自己的写作中。因为是由学生自行选择写作题目，所以，学生可以根据自己的兴趣完成写作。教师还要对学生的立意进行考察，以保证学生没有偏离题目。

在教学过程中，教师不仅要为学生提供多样的题目，也要为其提供丰富的题材，让学生进行多题材写作训练，从而提高其写作水平。写作是与生活息息相关的活动，教师还可以鼓励学生在旅游结束之后写游记，在电影观看完毕之后写观后感。此外，教师还可以搜寻一些能够继续展开写作的文章，让学生进行续写，这不仅能培养学生的写作技能，还能激发其想象力。

英语写作课堂翻转之后，学生可利用的写作资源更多，在写作中遇到的问题也能及时地获得解答。对于教师来说，他们将会有更多的时间为学生搜寻、整合写作资源，然后将这些资源分类，构建内容全面、分类明确的写作学习平台；教师可以有更多的时间分析学生遇到的问题，然后根据问题进行针对性的教学设计，从而使整个教学活动变得更加顺畅、科学。

第四章　基于现代教育技术的大学英语 移动课堂教学路径

信息技术的飞速发展以及移动终端的普及，使移动互联网开始进入大众视野，并且成为影响人们生产生活的重要因素。学生学习方式因为移动互联网也发生了显著变化，各种学习型 APP 的出现提升了学生的学习效率。这让不少英语教师开始思考，英语教学也应该引入移动互联网，从而提高英语教学质量与学生的学习效率。

第一节　移动课堂概述

一、移动课堂产生的背景

（一）飞速发展的现代信息技术

第三次科技革命使不少新技术涌现出来，计算机技术是其中比较具有代表性的。电子计算机技术在人类生活的各个领域都实现了的应用，它促进了生产的自动化、管理的现代化，同时，也促进了教育的信息化。第三次科技革命让信息技术实现了前所未有的发展，信息技术推动了一系列新的技术变革，这些技术的更新又带给人类以及人类社会深刻的影响。很明显，人类社会已经进入信息时代，信息技术的发展对人提出了更高的要求。而人的发展靠教育，因此，必须要重新审视教育与技术的关系，争取利用技术实现教育的新发展。高校英语教学正值变革之际，可以将信息技术引入英语教学中，用信息技术的力量推动英语教学的发展，实现英语教学质量的提高。

《国家中长期教育改革和发展规划纲要（2010—2020 年）》已经明确指出："信息技术对教育的影响是巨大的，甚至是革命性的，所以要格外重视它。"信息技术对高校英语教学的各个环节产生了重要影响，甚至颠覆了教学方法。此外，它还改变了学生的学习方式，以往学生学习比较被动，教师教什么学生就学什么，然而，现在英语信息化教学已经完全改变了这一现状，学生在学习上的主动性提高了。

（二）数字化引发的教学与学习变革

1. 教学方面

（1）教学理念。教师总结自己的教学经验，并在此基础上形成对教学的规律性认识，就是常说的教学理念，需要指出的是，教学理念一旦形成就具有相对稳定性。一般来说，教学理念的内涵可以做以下三方面的解读：第一，教学理念是在教学实践基础上形成的一种思想观念，它具有明显的主观性特征；第二，教学理念源自教学实践，同时又反过来对教学实践施加影响；第三，教学理念是人们对教师的教与学生的学的总体认识。从这里可以看出，教学理念是动态发展的，它总是随着教学实践的变化而变化。数字化带来了英语教学的变革，同时，给英语教师提出了新的要求，英语教师在掌握扎实的专业知识之外，还要具有一定的信息素养，另外，还能辩证地看待虚拟世界。新时代的发展与旧的理念肯定会发生碰撞，这种碰撞是两败俱伤，还是碰撞出灿烂的烟火，取决于教师对数字化的认识，这就要求教师改变固有观念，对教学方式进行积极创新。

（2）教学方式。传统英语教学是一种粉笔加黑板的教学形式，在数字化时代，教学方式发生了明显的变化，"虚拟+现实"的教学方式开始进入大众视野，走入英语课堂。

数字化时代也是不断发展的，为了适应时代发展变化，高校英语教师要正视信息技术在英语教学中的积极作用，将教学与新型教学媒体挂钩。这同时也在表明，数字化时代英语教学模式变革的一个重点就是信息技术在英语教学中的应用。

在信息技术的支持下，英语课堂教学模式发生了翻天覆地的变化，即使无法将其变化面貌一一呈现出来，也应该至少包括三方面的内容：第一，从本质上看，信息技术改变了教师与学生在课堂上的互动情况，在传统英语课堂上，教师与学生的互动极少，即使互动也是一种尴尬的互动，而信息技术在教师与学生之间置入了一种虚拟场景，极大地削弱了这种尴尬感；第二，信息技术使教学方式在量上发生了明显的变化，例如，学生可以通过各种网络学习平台实现在线学习与互动；第三，信息技术突破了英语教学在时间与空间上的限制。

总之，信息技术在给英语教学方式带来变化的同时也促进了教学方式在结构形态上的变化。英语传统课堂教学主要是讲、听、练、考等形式，这是一种单向推进方式，效果不佳，而当信息技术被引入高校英语课堂之后，英语课堂教学充满了浓浓的自主学习、合作学习氛围，提高了英语教学的效率。

（3）教学结构。教学结构受教育思想、理论的指导，通常由四部分组成，分别为教师、学生、教材和教学媒体，这四个要素各自独立，但又相互影响、相互作用，共同维护教学活动的稳定。教学结构的作用主要体现在它指导教师依照怎样的教育理论，采取怎样的教学方法来推动教学活动进程。从本质上看，教学结构其实就是对四大要素之间的关系予以说明。传统教学结构主要有三种，分别为以教师为中心的教学结构、以知识为中心的教学结构和以学生中心的教学结构，但是，时代在发展，教学活动也未停滞不前，当前的英语教学结构正逐渐向以学生为中心的趋势发展。

（4）教学评价。传统英语教学的评价方式比较单一，但是当信息技术被应用到评价中，评价的方式就变得越来越多元化。在数字化时代，促进大学英语教学评价方式发生变化的原因有很多，但主要原因有两点：第一，传统教学评价方式过于老旧，已经无法跟上教学发展的脚步，无法适应课堂教学结构的新变化。目前，英语课堂因为信息技术的应用而变成了一个虚拟世界，在这个世界中，简单的考试与分数已经不是评价的唯一标准，利用信息技术对学生的学习情况进行精确分析，根据得到的结果对学生学习进行评价，才是一种科学、公平的评价；第二，随着信息技术在英语课堂中的应用，多样的新型社会评价方式开始为教师与学生所喜欢。因此，一些学者指出，英语日常评价可以引入一些当代年轻人喜欢的方式，比如投票、网络评价等，这些方式能吸引学生的参与。

虽然这些评价方式可能在一定程度上激发学生的积极性，但是在具体运用上，教师绝对不能盲从，而是要遵循科学的原则。第一，应遵循教育性原则。在英语教学中应用社会评价方式并不是为了紧跟时代的潮流，而是要从根本上激发学生的积极性，促进其身心健康发展。第二，应遵循综合性原则。需要清楚的是，尽管这些评价的确可以激发学生的学习积极性，但也正是因为这一优势，才让它的其他不足被掩盖。例如，网络评价是一种高效的评价方式，深受大学生的喜欢，但是因为这种评价是在虚拟世界中产生的，评价可以被操控，所以，无法保证评价的真实性。因此，在具体进行评价时，最好不使用单一的评价模式，而是综合其他评价模式的优势，彻底将评价中的不实成分剔除出去。第三，应遵循人文关怀性原则。现在的大学生多为独生子女，承受生活与学习压力的能力不强，因此，教师在对其进行评价时，必须要顾及学生的感受。

2. 学习方面

（1）学习方式。学生知识的获得是靠教师对其进行单向传输，学生必须要在规定时间内完成相关知识的学习。信息技术改变了学生单向学习的方式。当前，知识呈现出一种网状化状态，更新速度极快，内容体系也极为丰富。丰富的知识都是人们对自己生活经验的总结，人们看问题的角度不同，便形成了多样的知识结构，学习者学习时必然也需要用多元化思维进行思考。此外，学生学习的内容也不再局限于书本知识，借助网络，学生可以从不同的渠道获取知识，这让学习成为一种以学生为主体的活动，也真正实现了"以人为本"。

信息技术为人类搭建了超越时空界限的交互式教育平台，拉近了世界人民的距离，借助网络，人们可以实现信息的流畅交流。学习结构也因为信息交换模式的变化而发生改变，由原来的金字塔型转变为分散网络型，新的学习结构打破了学习目标固化的界限，让教育实现了与世界的融通。从这里可以看出，信息技术其实是为身处任何地点的人服务的，这为实现全球范围内的跨越式学习奠定了基础。

（2）学习地点。英语学习方式的改变也反映在学习地点上。传统学习方式是相对封闭的，学习场所被限制在教室里；现在英语学习方式是开放式的，其学习场所可以是任何地方。传统课堂教学是师生面对面的教学，而现在的教学处于一种可选的大教育状态，最重要的是，师生的主从关系被彻底打破了。因此，以信息技术为依托的各种学习方式开始涌现出来，为学生英语学习开辟了多种渠道。这些渠道不仅消除了学生与教学环境的距离，而且促使英语教师改变自己的教学方式，利用信息技术拓展学生的学习环境。

数字化时代资源共享的特征也让学生可以在任何地点获得其他人所拥有的学习资源，这让所有学习者就某一问题可以实现平等交流，生命的本质也就在英语学习过程中得到了彰显。

（三）学生的差异化学习需求

学生生长的环境不同，受教育的背景也不相同，这让他们形成了自己独特的个性，即使在学习活动中，不同的学生也展现出了不同的差异，这些差异具体表现在以下几个方面。

第一，认知方式上的差异。学生在分析、组织、加工信息过程中表现出来的个性差异就是认知方式，它也可以被称作认知风格。从本质上来看，它是个体在认知过程中已固化了的态度与方式。例如，有的学生善于运用逻辑思维解决问题，而有的学生善于运用形象思维解决问题。

第二，学习风格上的差异。学生在学习活动中喜欢使用的学习方式就是学习风格，学习风格一旦形成，一般很难改变。学生英语学习能力不同，英语教师最好不要对学生提出统一的要求，而是要进行差别化教学，根据学生的具体差异开展针对性教学。还需要指出的是，学习风格是没有好坏之分的，而且与智力也没有关系。此外，学生学习风格的差异还可以从学生对知识点的掌握能力差异上体现出来。在传统英语课堂上，学生对英语知识的吸收内化程度不同，在课上学得快的学生一般吸收内化的程度高，而学得慢的学生则吸收内化程度较低，但是，吸收内化并不是一蹴而就的，它是一个过程，需要时间的积累，如果给那些学得慢的学生足够的课堂时间，他们甚至要比那些学得快的学生知识掌握得更加牢固。所以，传统英语教学使用的"一刀切"的教学模式是不科学的，它严重忽视了学生在学习风格上的差异。

第三，学习动机上的差异。学习动机的作用体现在两个方面，一是刺激学生的学习欲望，二是维持学生的学习行为。一般来说，学习动机的内涵十分丰富，不仅包括学习兴趣、需要，而且还包括情感与意志力等。学习动机对学生的学习产生间接影响，它并不直接参与学生的学习活动。比如，在学习意志力方面，有的学生表现得非常刻苦，有着顽强的意志力克服学习中的苦难，有的学生则没有持久的毅力，总是会半途而废。因此，在大学英语教学中，教师必须要时刻关注学生的学习动机，根据学生表现出来的学习动机差异为其制订有针对性的、科学的学习计划，同时为其设置不同的目标，目标的设定要考虑学生的学习能力。

二、移动课堂的概念

移动课堂是在移动信息技术支持下形成的教学模式，这一模式是理论与实践相结合的产物。不同学者看待问题的角度不同，对移动课堂的界定也就不同，其中有一个笔者比较认同的观点为：移动课堂是依托成熟的互联网技术，教师与学生使用移动设备进行交互的活动。

移动课堂教学就是指在移动互联网技术的帮助下，教师与学生可以在任何时间、地点通过移动终端设备完成教学互动的教学模式。

在这一模式中，学生的角色发生了明显的变化，学生不仅是学习活动的践行者，而且是其自身学习计划的制订者、内容的设计者。移动课堂涉及的场景具有一定的真实性，并不是随便选取的，都是一些比较经典的社会场景，而且提出的问题也没有固定的答案，学生需要发散思维去思考。这一教学模式是新颖的，对学生提出了更高的要求：学生需要具备较高的观察力，能够识别教学方式的优劣；具备分析与解决问题的能力；具备全面接受并吸收新知识的能力。大多数大学生都是成年人，他们具有抵制诱惑的能力，同时，也需要以成人的学习标准要求自己，从而最终使自己的学习能力与学习水平得以提高。

三、移动课堂教学的主要内容

（一）课堂学习

课堂学习与传统教学是不同的，它是传统教学模式的延伸，课堂学习在实现过程中应该继续保持自己的优势，也就是对学生进行专业培养要保持其系统性。

首先，需要将已经为人所普遍接受的相对完善的知识体系结构导入其中，使其成为课堂学习系统的支撑部分。传统教学在专业培养方面已经有了长时间的探索，形成了丰富的经验，学生根据前人所设置的专业结构、课程标准等进行相关专业课程的学习，这时的学习是循序渐进的。不过，对于一些学习能力强的学生来说，也可以进行跳跃式学习，但是，需要打开相应的测试权限，一旦其通过测试，就能学习其他拓展知识，这种学习是一种违背知识建构正常规律的学习，并不是所有学生都适合。

其次，对于课堂学习的过程，教师要形成详细的记录，以便其能从整体上把握学生的学习进度。掌握学生的学习进度主要可以从两方面实现，一方面是关注学生的专业学习走向，另一方面则是关注学生某一门专业课的学习进度。在进行专业选择之前，学生需要通过知识线路图对专业知识有基础的了解，待其完成导入课程之后，教师就可以根据学生的专业选择传授知识。此外，教师为学生布置单元任务，让学习者的学习始终处于一定的范围之内，这样教师就能清楚地掌握学生学习的兴趣、习惯等。此外，教师要对学生不同时期学习的进度予以保存，以方便教师从整体上分析学生的学习情况，帮助学生优化其学习方式。

（二）课堂测试

课堂学习完成之后，就需要进入测试环节，这是移动课堂教学非常重要的环节之一。测试的结果一方面可以帮助学生了解自己学习的优势与不足；另一方面，可以帮助教师完成自我反省。测试在泛在学习中比较匮乏，但是在传统教学中，因为各种专业课程已经经过无数次的测试，积累了许多测试资源，是可以支撑起课堂测试这一部分内容的。

要想真正实现这一模块，就需要与传统教学相结合，在测试环节中导入传统教学积累的测试资源。测试资源的种类十分丰富，主要包括以下几种：第一，平时练习，这种测试资源主要是用来测试学生在日常学习中对某一部分基础知识的掌握情况，一般来说，需要学生自觉完成；第二，单元测试，是对学生一段时间内的学习情况进行检验，根据测试结果，教师可以掌握学生先前的学习情况，之后便能根据学生的实际学习情况做出教学计划、教学设计、教学方法等的调整；第三，课程考核，当学生完成一门课程的学习之后，教师需要对学生进行课程考核，以验证学生是否比较好地掌握了这门课程的知识。

通过对三种测试资源的分析，可以发现，平时练习中涉及的知识多为专业中的具体知识点，这是学生进行后续学习的基础，因此，必须要引起教师的重视，除了给学生提供一些习题资源之外，最好可以根据习题提供必要的文字或视频讲解，以提高学生的学习质量；单元测试是以章节为依据形成的测试资源，教师需要根据测试结果了解学生模块学习的成果；课程考核是在学生已经明确自己学习活动结束之后向教师提出考核申请之后生成的习题，学生的考核结果需要被保存下来，因为后续课程的开设要以这些结果为依据。

（三）交流互动

移动互联体系中最具特色的部分当属互动环节，但是这一环节并没有在泛在学习系统中得到很好的应用。传统课堂教学忽视了教学中的互动性，教师在讲台上独自演绎，学生只是被动地听讲，课堂上唯一的互动就是教师问、学生答。将移动互联技术引入传统课堂可以加强教师与学生之间的互动，这种互动可以在线上完成，极大地加强了教师与学生的互动，同时，也让学生与学生之间实现了良好的互动。

在笔者看来，交流互动需要注意以下两个方面的问题。

1. 互动方式的选择

在线课堂使用的互动方式主要有两种：第一，设置评论，学生观看完视频之后，可以在评论区发表自己的观点，其他学生可以紧随其后，这样他们就可以对同一问题进行热烈讨论，从而保证了知识的严谨性，当然教师也可以参与进来，与学生一起互动，也能对学生的看法进行评价；第二，引入第三方渠道，微信在人们日常生活中扮演着重要角色，它不仅是人们友好交流、增进感情的工具，同时，利用微信还能完成学习层面上的互动，学生可将自己在学习过程中存在的问题通过微信发送给教师，教师可对其问题给予解答。

2. 互动内容的选择

互动交流行为有着显著的现实意义，主要体现在以下两个方面：第一，打破了传统课堂上学生地理距离近而心理距离远的现状，学生不仅能在学习上实现友好的交流，还能增进情感交流；第二，教师与学生之间的互动使教师可较为全面地把握学生的学习情况，从而为以后的教学设计提供借鉴。这就给英语教师以启示，在设计互动内容时必须要考虑学生的意见，考虑自己过去的教学心得以及师生互动的相关内容。

（四）资源共享

大多数课程都有着很长的课程设置历史，这使其在课程发展过程中也积累了大量的参考文献资料，而且，学生在学习过程中也会利用网络查找相关资料，如果这两类资料都可以被整合起来，构建一个资源库，那么学生以后查询资料就会变得非常方便。

教师在设计这一模块时还需要考虑资料的来源问题，因为来源不同，教师就需要设置不同的上传权限，这样做的目的就是使资料在上传的过程中完成分类，既节省了教师的工作时间，也方便了学生的学习。只要有权限，每个人都可以上传资料，所以，久而久之，资料的体量将会变得越来越大，这时可提供关键词搜索或者资源链接的方式让学习者继续学习。

在"互联网+"教育理念的支持下，移动课堂通过资源分享、师生互动、在线考核测试的方式实现了对传统课堂教学的强化。笔者相信，在教育信息化不断推进的今天，将移动课堂引入英语课堂教学将会有着不错的前景。

第二节　在大学英语教学中进行移动教学的必要性与可行性分析

一、在大学英语教学中进行移动教学的必要性

大学英语课程开设时间很长，学习的人数也很多，但是在其不断发展的过程

中也听到了一些不和谐的声音。整个社会、学校、教师、家长与学生都很疑惑，为什么学习了那么久的英语，中国学生的英语成绩依然很差，尤其是英语综合应用能力一直都没有提高。

造成这种情况的原因有很多，目前，大家普遍接受的一个原因来自英语教学本身——教学理念、内容与模式过于陈旧。大学英语传统教学依然固守教师"教"—学生"学"的模式，教师主导着英语课堂的一切，学生的英语学习活动处于被动状态。基于此，高校应该以"以人为本"的现代教育理论为出发点，承认并尊重学生的主体地位，让学生成为学习的主人，由学生自主选择学习资料与学习方式，并最终使其学习向着个性化、自主化的方向发展。

当前，英语教育研究界已经认识到大学英语教学存在的问题，所以，将研究的重点由教师如何"教"转向了学生如何"学"，移动学习就是呈现学生如何"学"的一种新型教学模式，可将其引入英语课堂教学中，成为推动学生自主学习的重要推动力量。

1. 移动学习是一种课堂之外的非正式学习方式，能培养学生学习的自主化

目前，大多数高校学生都是独生子女，他们对待事物往往有着自己的坚持，体现在学习上，他们喜欢自己选择自己的学习内容与学习方式，但是他们喜欢的学习方式并不代表是一种高效的学习方式，又因为其学习与就业压力极大，迫使他们不得不放弃自己的喜好去追寻更加高效的学习方式。移动学习是一种高效、便捷的学习方式，它对学习内容进行压缩，保持了自身灵活的终端特性，很明显，这是一种符合学生学习需求的学习方式。通过移动学习，学生可以高效地进行自主学习，可以利用日常琐碎时间学习，提高了学习的效率。

2. 移动学习终端设备的便携、灵活等特性符合英语学习的认知特点

在建构主义看来，学习是学生依托已知经验对新知识进行选择、加工与处理的过程，英语学习过程也是这样的一种过程。在英语学习中，学生需要及时将旧知识找出来重新温习，确保过去形成的短暂性记忆通过复习转变为长期记忆，移动学习的灵活性恰恰满足了学生巩固知识的需求，可以说，移动学习是符合学生知识学习与巩固规律的一种教学模式。

3. 利用移动学习工具可以搭建虚拟的语言学习环境，增强学习者的体验感

大量的教育研究成果已经表明，从本质上来看，语言教学并不是要机械地向学生传授知识，而是要从语言规律出发为学生构建一个良好的语言学习环境，从而使学生在真实的语言交际中保持较高的英语应用水平。移动终端具有智能化特征，它可以通过文本、图片、音频与视频等形式给予学生更加丰富的感官体验，有效激发了学生对英语学习的兴趣。

移动学习是信息时代出现的一种新的学习方式，它丰富了学习方式的框架，同时，还为学生提供了多样的学习资源。因此，移动学习的优势使其可以应用到

大学英语教学之中。

二、在大学英语教学中进行移动教学的可行性

（一）大学英语移动学习具备了实施的教育环境

1. 现代知识观的转变

原始人类一开始并不了解什么是知识，他们基于自己的生存需要所做出的一切努力以及对自然环境规律的隐约了解都没有形成"知识"。随着人类对自然规律认识的加深以及科学技术的不断进步，人类开始认识知识、积累知识，并且逐步形成稳定的知识结构。具体而言，现代知识观的变化主要体现在以下几个方面。

（1）知识是在人的经验的基础上形成的。人类在进行各种创造性活动的过程中揭示了知识与人的关系。知识的产生源于人类的需求，也就是说它体现着人类的价值追求，同时，它也体现着人的本质特征，可见，知识与人息息相关，那些脱离人的纯客观的知识是绝对不存在的。知识的产生有两方面的原因：第一，由于人存在生理、心理的局限，因此，人总是要对其他客观事物进行积极的探索；第二，人有表达的需要，语言、逻辑以及概念都需要知识来表征。可以看出，知识指向的是外部对象，它源自客观世界，但是这并不意味着它是在客观世界中生成的，其实它是客观世界中的事物与人相互影响、作用的结果。

（2）知识并不是一成不变的，它始终处于一种动态的发展过程中。从知识的对象层面来看，可以发现，客观世界的各种事物及其性质都不可能静止不变，所以，基于对它们的认识而形成的知识也是一个动态的过程，知识不可能将客观世界的所有事物都言尽。在特定的历史时期，人们对知识的认识是有限的，这一时期人们所给予的事物的特定条件达到什么程度，其对知识的了解就到什么程度；认识是建立在实践基础之上的，它对客观世界的探索与改造的程度也是有上限的，所以，从这里可以看出，人类认识一定是动态发展的。

借助信息技术，学习者可以获得比以往更多的信息，但是信息并不等同于知识，而且，学习的过程也并不是信息传递的过程。信息时代的知识观不仅体现出了建构主义知识观的特征，还体现出后现代主义知识观的特征，对知识的重新认识可以从以下三点出发：第一，从知识的本质层面来看，过去书本上枯燥的知识已经演变为需要学习者参与其中的情景化知识；第二，从知识的生成层面来看，过去机械式的知识记忆过程已经演变为动态开放的知识建构过程；第三，从知识的价值层面来看，过去知识的掌握与记忆已经演变为知识的应用水平，也就是说，强调在知识分析、解决问题上的作用。

2. 现代学校的发展

互联网的快速发展使网络远程教学方式越来越受到人们的关注。网络大学以独特的魅力冲击着传统大学的樊篱，越来越多的人开始认识它、接受它。移动技

术的应用和逐步普及，无疑将加快这一变革的步伐，以网络技术应用于以学生主体为特征的新的教育时代正向我们走来。

在现代学校里，学生是主动的学习者，他们总是希望可以在任何时间、任何地点依靠技术实现学习，更重要的是，他们还希望自己的学习能够与生活计划的定义和执行联系在一起。具体而言，现代学校主要在以下几个方面发生了变化：

①学习是与生活紧密相关的；

②学习是主动的、与语境相关的、模块化的、实践的；

③教师不是"教"知识，他们是顾问、向导、教练，导师、学习帮助者，他们通过观察和聆听给予反馈、询问有挑战性的问题，提醒易疏忽的问题引起注意，鼓励好奇心等方式开展教学；

④课程并非由学科和年级构成，课程是灵活的且有丰富的"能力矩阵"，为了将不同的生活计划转化为现实，学生各自发展不同的能力，学生不必拥有相同的学习计划，学生之间应该有差异，每个学生不需要发展所有的能力，只需要发展那些将自己的生活计划转化为现实所需要的能力；

⑤学校将以多种形式存在，将整合家庭与社区，学习不仅局限于学校，学校必须有更广的视角；

⑥在教学方法方面，过去是教师知道答案并将答案告诉学生，现在是教师和学生一起，提出问题，解决问题，以"问题—探究—项目"为基础的学习至关重要。其中，"问题—探究—项目"教学具体实施的步骤为：首先发现/提出问题，然后进行批判性思维（信息处理），进而解决问题，最后获取知识/结果报告。

（二）大学英语移动学习具备了实施的物质基础

移动学习的物质前提已经具备，具体表现为以下方面。

1. 移动学习需要倚靠的外部硬件条件已经十分成熟

可以以手机为例，现在大学生拥有的手机都有着比较高的屏幕分辨率，学生可以清楚地看到教师讲解知识的画面；CPU 处理速度也已经非常快，如果学生对前面的知识不太懂时，可以快速回到前面的视频中；内存也变得越来越大，学生可以存储更多自己认为有用的知识。

2. 全覆盖的网络为学生进行移动学习提供了重要保障

移动互联网实现了快速发展，几乎人们走到哪里都有免费 WiFi，尤其是现在，人类已经进入 5G 时代，信息下载速度比 4G 时代有了显著的提升，学生可以更加高效地完成英语移动学习。

3. 信息技术在英语教育中的应用已经常态化

教师从互联网上为学生下载英语学习资源，同时，利用多媒体工具为学生讲解知识，或者直接进行直播授课。社会为学生提供了大量的英语学习 APP，学生在课下也能完成英语学习，从而使其英语知识结构体系更加丰富。

（三）大学生具备接受移动学习的相关能力

传统英语课堂的时间毕竟有限，所以，学生学习的知识也是有限的，且对知识的消化程度可能不高，这就要求学生利用课下时间开展自主学习，移动学习就是这样一种可以实现学生自主学习诉求的学习方式，学生已经具备接受移动学习的相关能力。

1. 自我效能感

在特定领域内，个体对自己完成行为目标所具有的能力持有的信心就是自我效能感。在开展英语移动学习之前，学生必须要具有能够完成英语移动学习任务的信心，不能怀疑自己的能力。

2. 自我学习管理能力

学习活动是有组织的，这就需要学生对自己的学习活动进行科学的管理。自我学习管理包含的内容非常丰富，不仅包括学生学习计划、目标的制订，还包括学生学习进程、时间的安排等。当前，教师已经成为学生学习活动中的指导者，指导学生学习活动的开展，极大地帮助学生提高他们的自我学习管理能力。

（四）英语学科及教学的特征表明可以实施移动学习

作为一门语言，英语的主要属性就是交际工具，因此，在真实的场景中开展英语学习是非常有利于知识的吸收与应用的，支撑移动学习开展的移动设备没有时间、地点的限制，它具有可移动性，因此，学生拿着移动设备就能在任何地方实现英语学习。

总而言之，英语移动学习是必要的，而且也是可行的，它是对传统英语教学的有效补充。不仅能较大程度上提高英语教学的质量，而且能转变学生的学习方式，提高其学习质量与效率。

第三节　大学英语移动课堂教学方法的实现方式与应用策略

一、大学英语移动课堂教学方法的实现方式

（一）基于短消息的移动学习

基于短消息的移动学习模式将涉及消息传递的各种对象之间的关系体现了出来，不仅体现了教师与学生、学生与学生之间的关系，还体现了学生与教学服务器、教师与教学服务器之间的关系。在立体传递关系过程中，教师和学生之间的相互交流变得非常便捷，更重要的是，学生还能获得从不同视角出发分析与解决问题的方法，这极大地促进了学生自主学习的实现。通常情况下，学生向教师提出问题，是可以通过短消息的形式实现的，且一个学生可以同时与不同的教师进

行交流，就同一个问题，不同老师的解题思路也会不同，因此，学生可以获得多种解决问题的办法。在移动学习过程中，学生向教师提出的问题和教师所给出的回答都会经过教学服务器的转化，为学生的自主学习提供便利。

简单、快捷是基于短消息的移动学习的优势所在，通过这一学习方式，学生的学习兴趣被有效激发了出来，同时，也会形成积极的学习态度，更可以加强学生之间的学习与情感交流，从而最终为其个性化学习奠定坚实的基础。

（二）基于课堂直播形式的移动学习

借助网络与多媒体技术，远程教育机构在网上进行授课课堂直播就是人们所说的课堂直播，一般也可称作直播课堂。课堂直播的作用不仅体现在即时的课堂讲授上，而且在课堂结束之后，这些直播视频资源可以转化为随时点播资源，学习者只要想学习，随时随地都可以进行点播。课堂直播使学生即使不在课堂上也能感受与教师面对面的氛围，为学习者构建了真实的学习环境，能有效消除学习者移动学习过程中的不少干扰因素，还能较大程度地将课堂教学的作用发挥出来。

（三）基于连接浏览的移动学习

与基于连接浏览的移动学习相比于基于短消息的移动学习具有一定的不足之处，具体表现为数据通信的间断性和非实时性，因此，很难实现多媒体资源的浏览和展示。随着科学技术的进一步发展，芯片的性能有了进一步提高，加之通信技术的完善，移动学习服务质量的便利性也较之前有了提高。基于连接浏览的移动学习模式下，学生可以借助移动学习终端访问教学服务器，并进行实时浏览和交互，打破了时空的限制。学生可以借助网络进行资料的浏览与下载。经过下载的信息在移动学习终端可以长时间保存，即使是在脱机状态下，学生也可以借助已下载的资料进行自主学习。

（四）基于资料收集形式的移动学习

一般来说，这里的资料主要分为两种，一种是在学习平台上由各大教育机构提供的各种教学资源，另一种是存在于互联网各个角落中的多样的学习资料。学习者进行资料下载的行为与其学习需求有很大的关系，想要获得自己需要的学习资料就会自行从互联网上搜索。由于这是学习者的定向学习行为，这也使移动学习具有了个性化学习的属性。

（五）基于视频通话交互的移动学习

让学习者在移动的状态下进行轻松、快乐的学习是移动学习的核心宗旨。随时性和随地性是移动学习的一大特色。不同于传统课堂教学中的有问即答，在移动学习中，学习者可以借助语音和视频的方式，解决自己在学习过程中遇到的难题。通过这种方式可以给学习者营造一个良好的学习氛围，使学习者通过移动学习终端的界面获得实时交流的感觉，也能让其置身相对真实的英语课堂中，基于此，学习者便会更加乐于学习，也会更加愿意与同伴、教师一起探讨问题。

（六）基于移动学习平台的移动学习

现在有一些移动学习平台可以使用智能终端将课程前后、师生之间的教学互动进行连接，通过智能终端将课前、课中、课后的教学环节使用信息化手段进行全覆盖，例如，可以在课前将课程的资料如视频资源、文本资源、预习习题等发送给学生，让学生进行预习；教师可以通过移动学习平台了解学生学习的相关数据，并可以根据数据调整上课内容；在课堂上，教师可以使用这些学习平台进行实时互动，使每个学生都能参与互动；课后，教师也可以为学生布置一些与课堂所学内容相关的任务，并利用平台的数据分析与管理功能对学生的课下学习行为进行数据分析，从而最大化地利用信息手段服务教学、促进教学。

下面介绍几种在教学中经常使用的一些移动学习平台。

（1）雨课堂。将复杂的信息技术手段融到 PowerPoint 和微信中，在课外预习与课堂教学间建立沟通桥梁，让课堂互动永不下线，这一移动学习平台是由两大机构共同研发的，即学堂在线和清华大学在线教育办公室。

（2）蓝墨云班课。教师可以在任何移动设备或计算机上管理自己的课程和学生、发送通知、分享资源、布置并批改作业、组织讨论答疑、开展教学互动。在普通教室的课堂现场或课外，可以随时开展投票调查、头脑风暴、作品分享、计时答题等互动教学活动。还可以即刻反馈、即刻点评。所有课程信息、学习要求、课件、微视频等学习资源都能在比较短的时间内传递到学生手中，学生接收学习资源的设备为移动设备，通常是手机，这也让日常生活中主要用于交流、娱乐的手机成为学生学习的工具。

移动学习平台远不止以上两个，但功能上都差不多。不同的平台会有不同的侧重点，有的侧重于教学过程的沟通，有的侧重于教学资源的呈现，有的侧重于教学。

二、大学英语移动课堂教学方法的应用策略

（一）充分利用社群和网络

当今的大学英语教学实践从传统的以教师为中心逐渐转向以学习者为中心的模式，朝着一种强调协作和参与的模式发展。当前的英语教学强调以学生为中心，在这种教学理念的影响下，教师的角色发生了明显的变化，教师不再是传统英语课堂上绝对的领导者，现在的他们更像是辅导者与设计者，帮助学习实现以社群为中心的学习，同时，还要实现社群中每个学生的个性化学习，学生可以为社群提供多样的知识来源，还可以成为其他同伴学习的促进者。利用移动技术，学习者的学习行为将更加自由，不仅能控制自己学习的每一个环节，而且在制订学习目标、选择学习方式上也能对自己的学习情况有正确的认识，从而做出正确的决定。如果从社会认知的角度来看，学习也是一种社会行为，学生在群体中的学习

也有着各种互动与交际关系，这些关系与学习内容有着同样非常重要的地位。

学习社群并不是固定的，它是动态发展的，正是因为它的这一特性，才使其可以在多个层面上全面推动学习者开展自己的学习活动，总结自己的学习经验。社群内部的每一位成员都可以将自己获得的学习经验在社群内部分享，久而久之，这样的分享将会让每个成员都获得丰富的学习经验，使其可以在学习上少走弯路，提高学习效率。在学生共同分享学习经验的社群中，每个人都是平等的，他们都是学习上的能手，他们看待问题的角度因为互联网而打开了，他们更加喜欢把问题放置在情境中解决。社群内部的成员之间可以从别的成员那里获得优秀的学习经验，并对其学习活动进行模仿，进而优化自己的学习活动。所以，英语移动学习的实现需要网络以及社群的帮助。

（二）有效结合解决问题的各个方面

计算机被用来辅助学习者开展学习活动时，人们存在这样一个错误的认知：计算机就是教学的一切，它已经完全代替了教师。但是从现在计算机辅助教学的现状来看，这种观念显然是非常错误的，只是通过计算机获取优质的学习资料是无法提高学生的学习质量的，教师的引导、学生间的协作才是学生学习成功的关键，绝对不能忽视。

移动学习与计算机辅助学习有着显著的差别，就其功能来说，它并不具备与计算机一样强大的功能。通常情况下，移动设备的显示屏并不大，联网速度也不快，更重要的是，其处理信息的能力也比计算机弱很多，所以，通过全面分析可以知道，任何一个移动平台的功能都无法与计算机相媲美。可见，学习者在手机、iPad 上可以完成的事情与其在计算机上所能完成的事情是有着显著差异的。

通过以上原因的分析，对移动学习做出精准的定位，不能将其单纯地看作是一种解决学习问题的工具或者方案，它应该是英语教学过程中教师所利用的工具的一部分，移动学习这个工具与其他教学工具一起共同作用促进英语教学目标的达成。

（三）英语移动学习的参与者应成为积极的、互动的知识构建者

学习者的角色定位问题困扰了人们很久，同时，这也是移动学习需要解决的问题。移动学习被应用在英语学习中，能促进大学生英语知识结构体系的构建。

（1）学生没有必要在一致的时间内开展英语学习活动，这是因为移动学习可以让英语学习群体在不一致的时间相联系。

（2）在进行群体英语学习时，学生有疑问可以向教师请教，也可以与其他同伴一起探讨。

（3）并不是所有学生都能扎实地掌握所有的英语知识，他们总有自己喜欢的或者具有优势的部分，有些学生英语听力好，有些学生英语阅读好，学生往往会根据自己的学习情况决定自己的信息传达内容。

（4）学生之间进行互动，可以进一步明确英语知识的学习不止有一种思路，其他人的学习思路同样值得被尊重，同样值得学习。

总之，移动学习中的学习者应该是主动的知识构建者，应主动与教师和其他学习者互动，同时，在学生移动学习的过程中教师也要转变身份，应该成为学生学习活动的促进者，帮助他们完成有效的学习。

第四节　大学英语移动教学的典型模式——微信教学

一、相关概念分析

（一）微信公众平台

2012 年 8 月 23 日，微信公众平台正式上线，一经推出就受到了大家的欢迎，这是因为它给用户创造了更好的交流体验，同时，也让不同用户的学习活动形成了自身独特的生态循环。近年来，微信公众号也在逐步实现自身的完善，推出了许多不同的版本，新的版本总是对上一版本的优化。现在的微信公众号相对来说比较稳定，主要包括两个部分：订阅号和服务号。需要说明的是，个人是无法申请微信公众号的，只有组织可以申请，但是从运营层面上来讲，个人与组织都可以参与微信公众号的运营。

（二）服务号

服务号秉承了微信公众号的特性，组织可以申请服务号，个人无法申请，它更像是在线下有实体店的商铺在微信上建立的网络站点，就像是一个小型的官网一样，同时，服务号还有一个特别的优势，那就是它规定了机构可以自行申请自定义菜单。为用户服务是服务号建立的最大目的，借助机构申请的自定义菜单以及后端的 Mobile Web Site，机构实现了线下原有系统与线上新系统的有效连接，这也在一定程度上扩大了机构的服务范围。这种安排让用户与机构之间的互动渠道变得越来越多，也变得越来越方便。过去，困扰移动网站持续发展的最大问题就是入口问题，而现在微信拥有庞大的用户群体，入口的问题就解决了。正是这些每天活跃的微信用户扩大了微信公众号的影响力，同时，微信公众号也提供给了用户所需的服务。

（三）订阅号

订阅号主要是为用户提供各种信息与资讯，与服务号不一样，组织可以申请订阅号，个人也可以申请。其实，订阅号并不是微信首创，邮件订阅在 PC 时代就非常流行，但是随着移动互联网的崛起，这种订阅方式早已为时代所淘汰，现在的人们更加希望可以随时随地获取自己想要的信息。

二、基于微信平台的大学英语移动教学模式构建

（一）合理划分课程内容模块

把微信作为移动学习的平台，首先就需要对课程模块进行合理的划分。在进行具体划分时并没有统一的划分标准，而是需要集合英语专业课程的特点，同时，还要考虑学生的学习需求，遵循模块化、逻辑性以及情境性等原则。比如，可以以英语新闻课程为例，在信息时代，各种信息媒介已经成为人们沟通的桥梁，广播、电视以及互联网已经具有普遍性意义，成为人类日常生活的"座上宾"。英语新闻是拓展中国学生视野的资料，因此，可以从英语新闻学习的具体目标出发，将英语新闻课程划分为新闻词汇、新闻文化、新闻阅读等模块，不同的模块能让学生获得不一样的学习体验。

（二）合理组织学习资源

当模块建立之后就需要选择合适的学习资源，这才是移动学习得以实现的关键所在。学习资源的选择不能依靠公众号设计者的主观臆断，而是要与教学的目标、内容等相一致，要与学生的学习特征与学习要求相一致。

1. 组织新闻词汇模块资源

首先，需要借助语料库，对一些常见的新闻词汇资源进行统计，同时，还要具有一定的科学性，在集合经典论著、词典的基础上筛选出常用词汇；其次，社会在不断发展，词汇也并非停滞不前，它也是不断发展的，词汇变体、新词的出现都给学习者带来了不少学习上的困难，主要困难是怎样去识别具有权威性的词汇翻译。因此，在组织词汇资源时，一定要结合权威的英语网站、词典以及论文等，只有这样才能保证译文的准确性，才能进一步丰富新闻词汇模块。此外，并不是所有学生都对英语新闻有兴趣，因此，可以根据情境性原则，为学生选择一些其特别感兴趣的热词，这样就能激发学生词汇学习的主动性与积极性。

2. 组织新闻文化模块资源

学生需要对新闻中所介绍的文化有一定的了解才能完成文章阅读，掌握文章内容，但是一个国家、民族的文化是其长时间经过不断探索而形成的精粹，即使是本国人可能都无法面面俱到地了解所有文化，更别说其他族群了。因此，在进行这一模块资源的搜集时，必须要遵循由易到难的原则。中西方地理环境、生活习惯有着显著的差异，这也使其形成了不同的文化，且这种文化差异是非常大的，语言与文化关系密切，中国学生学习英语必然会受到西方文化的影响，可见，文化已经成为学生学习的一大障碍。中国学生在学习英语新闻时其实也会存在很多文化层面上的问题，西方国家在政治体制、宗教以及价值观等方面与中国社会完全不一样，对于许多文化属性非常强的新闻，中国学生读起来会非常艰难，这不仅降低了知识的消化率，还有可能让学生失去阅读英语新闻的兴趣。所以，这一

模块应该主要介绍西方文化知识，还要辅助介绍一些其他文化知识，以提高学生的阅读兴趣。

3. 组织新闻阅读模块资源

在学生进行移动学习的过程中，其注意力无法长时间集中，且其身处的学习环境并不固定，只要有网络，任何地方都可以学习，这就使移动学习环境又具有复杂性。所以，在具体选择新闻阅读模块资源时，笔者认为，应该遵循以下几方面的原则。

首先，应该选择那些涵盖了不少新闻语言与文化知识的材料，因为这类材料可以在一定程度上激发学生的学习兴趣。

其次，互联网承载着海量的英语新闻学习资源，但是质量上并不能做到真正的统一，分布相对都比较零散，没有系统性可言，这让一些非英语专业的学生很头痛，不知道该以什么样的标准选择，从而影响了其学习的效率，甚至会打击其学习的积极性。因此，这一模块内容的选择还是要从语料库研究方法中汲取营养，充分利用英文可读性分析软件，对新闻阅读资源进行分析，使资源变得更具系统性与逻辑性。这里还需要说明的是，这些需要被分析的新闻阅读资源的难度系数不能过高，也不能过低，要尽量适中。

（三）建立交互学习模式

在课程内容模块划分以及模块学习资源组织完毕之后，学生就能利用微信公众平台学习。微信是一个不折不扣的交互平台，在这个平台上不仅实现了用户与移动学习平台的交互，而且实现了用户彼此之间的交互，更重要的是，用户之间的交互既包括线上交互，又包括线下交互，也就是说，学生在微信平台上互动交流之后还可以在线下继续问题的讨论。可见，微信平台的确为学生英语学习提供了高效、便利的交互平台。

一般来说，学生在微信平台上提出的问题都会由教师本人亲自回复，但是，教师在日常生活中还要承担大量的教学任务，以至于无法做到对学生问题的一一回复，尤其是那些重复性问题，教师的回复就是一种人力的浪费，因此，利用微信智能系统可以对学生的问题信息进行分析，从而确定出一些常见的问题，教师事先设置好答案，这样当学生发送完问题之后，他们立即就能收到回复，这便是人机交互的优势所在。

三、微信在大学英语视听说教学中的应用

（一）搜集大学英语视听说资源库

首先，可以以英语教材为蓝本，进行英语视听资源的搜集。当前，各大高校普遍适用的英语教材是《新视野大学英语教程》，这套教材不仅着眼于理论知识体系构建，还创造性地与现代化技术相结合，从而使其成为一种立体化教材。教材

内容通常比较新颖，所选的主题也都与学生实际生活相关联，更重要的是，教材还配备了光盘，使学生获得丰富的视听资源，并根据这些资源进行视听训练，最终提升学生的综合应用能力。所以说，英语教材也可以是英语视听说资源的来源渠道之一。

其次，还要挖掘网络资源，构建网络资源库。从互联网上搜集多领域的英语知识，构建网络资源库。这个资源库不仅包括传统的各种文本资源，而且还包括不少音频与视频资源，涵盖的内容应十分丰富，有政治、经济、文学以及电影等内容，还有各种讲座、访谈等。资源库丰富的内容，一方面，能够极大地开阔学生的视野；另一方面，还能帮助学生掌握更加全面的英语视听说知识，从而为以后的英语视听说训练打下坚实的基础。

（二）微信互动教学环节设计

1. 微信公众号平台互动

大学英语是一门必修课程，一个教师要面对几百个学生，因此，微信公众号将教师与学生很好地融合了起来，教师利用微信公众号发布任务，学生利用微信公众号进行小组讨论，提交学习任务。它还具有留言与私信功能，学生可以将问题反馈给教师，教师可以给予学生针对性指导。

2. 朋友圈互动

微信朋友圈是一种在人们日常生活中被广泛使用的信息交流活动平台，当一个人发布朋友圈信息之后，他的微信好友就会在自己的朋友圈中收到这些信息，如果朋友对这些信息表示认可与赞赏，他们就会实施点赞、评论等行为，这就实现了朋友间的互动。对于大学英语视听说课程来说，教师可以在朋友圈中发布一些具有十足趣味的音频与视频资料，学生看到教师发布的这些音频与视频，就会去实施点赞、评论与转发行为，并且会认真学习这些资料。同时，教师还可以在朋友圈发出关于这些资料的问题，让学生评论，以检验学生是否真正学习了这些音频与视频资料。另外，学生在搜集资料的过程中如果遇到一些不错的资料也可以发布到朋友圈，其他同学如果有兴趣就会点击资料，进行相关训练。

3. 微信群互动

英语教师可以把学生聚集起来建立一个英语视听说训练微信群。还可以建立班级群，其实班级群非常实用，教师可以根据本班学生的学习进度与特点选择合适的视听资料，然后将整理好的资料发布在班级群中，群里的学生可自行下载这些资料，加强英语训练。此外，为了让学生具体探究某一问题，可以建立小组群，小组群成员共同交流信息，探讨问题，从而保证探讨结果的科学性与全面性。

4. 私信、语音和视频聊天互动

前面提到的微信公众号、朋友圈和微信群都是一种一对多、多对一或多对多互动的平台，但是有些学生的问题可能比较特殊，其他学生并没有，这时就需要教师建立一对一的互动平台，以帮助学生解决其特有的问题。教师与学生可通过语音与视频加强互动，这样不仅实现了教师与学生的良好互动，而且学生也获得了英语口语练习的机会。

第五章　基于现代教育技术的大学英语智慧课堂教学路径

信息技术的迅速发展带动着教育教学的信息化改革，作为技术含量较高的新兴教育形式，智慧教育能够满足学习者和教学者的多种需求。本章将对智慧课堂的相关概念进行阐释，分析构建大学英语智慧课堂的意义与策略，阐述智慧课堂在大学英语教学中的具体应用。

第一节　智慧课堂教学概述

一、智慧课堂的概念

唐烨伟等立足于智慧教育视角，认为构建高效智慧课堂目标在于培养学习者的主动性，使其达到愉悦学习的状态，生成质量高、效果佳的课堂。卞金金和徐福荫认为智慧课堂教学模式有助于学习者构建学习体系、优化学习过程，以数据定学习方法和步调，进而完善自我认知，培养学习兴趣。刘邦奇认为智慧课堂是以建构主义学习理论为依据，利用大数据、物联网、移动互联等新兴信息技术打造的智能、高效的课堂。庞敬文等对智慧课堂的观点是：学习者应投入以信息化环境、高新技术为依托的课堂中，接触愉快的、个性化的、智能化的新型课堂。

综合以上有关智慧课堂的定义，可以看出，智慧课堂就是教师与学生身处智慧化环境中，借助先进的信息技术开展具有高效的、智慧的教学活动与学习活动，教师可以通过大数据技术收集学生的学习行为信息，并对其进行分析，找到改进的方法。智慧课堂是对传统课堂教学模式的创新变革，它为学生构建了个性化的学习环境。

二、智慧课堂的特征

（一）数据动态化

数据动态化是智慧课堂的首要特征，可以说，智慧课堂就建立在各种数据基础上，它利用大数据技术收集学生在学习过程中产生的各种行为信息，并对其进行数据分析，为教师提供直观的、精确的学情报告，以便教师合理地调整教学流程。并且智慧课堂中的数据是动态的，教师可以实时掌握学生的学习状况，动态地调整教学策略。

（二）实时个性化

智慧课堂可以为学生推送个性化的学习资源，满足学生的个性化学习需求，还能够为师生、生生之间的交流提供实时互动的平台，教师可以实时掌握学生的学习进度，学生也可以随时向教师提出问题，教师与学生都可以通过智慧教学平台获得及时的反馈与评价。

（三）高效互动化

智慧课堂引进了各种先进的教学技术，这些现代教学技术极大地提升了课堂的互动效率，除了常见的小组协作学习、讨论学习之外，智慧课堂还引进了抢答器、随机挑人等设备，这些新兴技术为智慧课堂增加了趣味性，激发了学生的积极性与学习热情，使课堂上的互动交流更加高效。

（四）多元智慧化

智慧课堂采用了多种新兴的教育技术，使课堂变得更加多元，同时，智慧课堂还具有大量的智慧、智能元素，它能够智能地监测学生的学习过程，智能地生成数据分析报告，智能地推送教学资源。

（五）工具丰富化

智慧课堂引入了各种各样的教学工具与学习工具，并且将这些工具应用到了许多真实的、具体的情境中，有助于学生自主建立相关的知识体系。丰富的、智能的学习工具为学生创造了一个智慧化的学习环境，提供了多种学习途径。

三、智慧课堂的教育目标

教育目标就是人们在开始正式的教学活动之前，在脑海中对教育的结果所产生的预期，它也是教育应该达到的标准与要求。可以说，人们期望通过一定的教育活动设计和教学手段获取的最终结果就是教育目标。

教学改革的推进无疑对教学目标的设定产生了一定的影响，人们对教学目标的设定开始朝着多样化的方向发展，除了对学生的知识水平有所要求之外，还提高了对学生动手能力、实践能力以及价值观的要求。现代教育的目标更加关注人的发展，具体来说，包括人的完整发展、和谐发展、多方面发展以及自由发展。完整发展是指人的基本素质要得到整体上的发展；和谐发展主要强调各种素质的协调发展；多方面发展是指人的各项素质要尽可能地多样化发展；自由发展则强调人的个性发展与自主发展。将这几个方面综合起来就构成了人的全面发展。由此可见，现代教育的目标越来越综合化，人们希望学生不只是在课堂上学到知识，还要学到学习知识的方法，同时，也要学会感知学习的乐趣，提升自己的综合素质。

智慧课堂的教育目标与上述教学目标相一致。因此，教师在智慧课堂教学中要对学生有充分的了解，积极调动学生的兴趣与热情，通过客观、公平、个性化的评价驱动学生投入学习。具体来看，智慧课堂的教育目标可以从以下三个方面进行探讨。

（一）教育资源的有效获取与存储

经过数字化处理，能够在计算机网络中投入使用的教学资源就是智慧课堂的教学资源，可以说，它是在教育信息化的推进下产生的，智慧课堂教育资源能够促进教育教学的改革发展。一般来说，网络课程、音频视频资料、电子教案、数字化资源库等都属于智慧课堂的教学资源。根据具体的功能作用划分，教育资源可以分为教学素材与辅助程序两大类。教学素材就是常见的在教学活动中频繁用到的文字、图片、音视频等形式的教学资源；辅助程序则指能够帮助学生解决问题的教学程序，比如，学生遇到不认识的单词时，可以用网络英汉双解程序查找其释义，这种程序也属于教学资源。对智慧课堂的教育资源能够有效存取与利用是教师必须具备的能力，同时，这也是智慧课堂重要的教育目标。

（二）实现课堂的高效互动

传统课堂的师生互动往往僵硬且无效，智慧课堂推出的互动式教学系统则突破了这一难题，真正实现了有效的课堂互动。智慧课堂主张教师在进行教学设计时将"互动"放在中心位置，同时，借助多媒体技术、互联网技术、大数据技术以及云计算技术等新兴的教育技术，开展丰富的课堂互动活动。互动活动可以有多种形式，可以是一对一，也可以是一对多、多对一，教师与学生可以相互交流分享自己的观点。这极大地增强了学生的课堂参与感，有助于加强学生的学习兴趣，激发学生的学习思维。智慧课堂不仅为师生互动提供了良好的环境，还增加了互动的对象，拓宽了互动的范围，使高效互动课堂成为现实。

（三）培养学生学习的主动性

科技的进步与时代的发展改善了人们的生活条件，教育领域也不断涌现出丰富的教学资源与先进的教学设备，教育信息化、智慧教育等教学理念逐渐被人们接受，教师与学生的教学学习生活也在朝着多样化、个性化发展。基于这一背景，主动探究学习逐渐成为人们提倡的学习模式，传统的被动接受学习正在被淘汰。

在传统课堂上，学生采用的是传统的学习方式，即上课听讲、记笔记，下课完成作业。这种学习方式忽略了学生的主动性，也忽略了学习的过程，只关注学习的结果，如果没有教师严格的监督和管理，学生就会逃避学习或进入消极学习的状态。基于网络技术与计算机技术的发展而产生的。智慧课堂为学生提供了全新的、多样的学习方式，拓宽了学生获取知识信息的渠道。因此，学生可以借助这些数字化资源与网络平台开展自主学习，自主选择感兴趣的学习内容，自主选择学习的时间与空间，学生的学习主动权掌握在自己手中。智慧课堂期望能够激发学生的主动性，改变学生被动消极的学习状态，让学生更加积极地投入学习中。

四、智慧课堂的实现条件

（一）智能移动终端

智能移动终端通常指人们日常生活中频繁使用的智能手机、计算机等。它使用起来非常便捷，具有移动性与实时性，并且可以同时执行多个任务。移动互联网技术为实现移动学习提供了技术条件，在现代社会中，移动学习几乎贯穿着人们生活的各个方面。在此背景下，越来越多新兴的、先进的移动学习设备被创造出来，这些设备可以帮助人们随时随地开展学习活动。

具体来看，智能移动终端的特点主要体现在以下几个方面。第一，就硬件而言，智能移动终端将 CPU、存储器、输入和输出部件融于一身，它实际上就是一台微型的计算机，还具备通信功能；第二，就软件而言，智能移动终端与 PC 机一样，也包含操作系统，这些操作系统涉及的内容非常丰富，包括教育、娱乐、购物、社交等方方面面，并且这些系统大多数都是可以免费使用的；第三，就通信而言，智能移动终端适用于多种网络标准，它的接入方式比较灵活，而且具有高带宽的优势；第四，就功能而言，智能移动终端的功能在逐渐完善，并且朝着人性化、智能化的方向发展。

在智慧课堂中，主要使用的智能移动终端就是智能手机。随着智能手机的屏幕逐渐优化、功能逐渐丰富，其在教育领域的应用也越来越普遍。智慧课堂中的智能手机主要具备以下几种功能。一是社交功能，手机本身就具有社交功能，而智能手机中的微信、QQ 等软件则优化了这一功能，学生可以借助这些聊天工具与教师、其他同学进行即时交流，而且这种交流可以是文字形式的，还可以是语音、视频形式的；二是搜索查询功能，智能手机具有便携性，学生在学习过程中往往会遇到需要查询的知识信息，手机则可以满足学生的这一需求，让学生随时随地都能搜索信息；三是阅读观看功能，学生的学习离不开阅读，智能手机可以为学生提供电子书与优质的课程视频，让学生随时随地都能阅读观看，为学生的碎片化学习提供了设备条件。

（二）智慧学习技术

智慧课堂建立在诸多先进的现代教育技术的基础上，这些先进的信息技术就是智慧学习技术，其中包括大数据技术、人工智能技术、云计算技术、物联网技术等。

在信息技术的更新迭代中，人类开启了大数据时代。大数据技术在教育领域的应用也逐渐推广开来。大数据主要有以下几个特征。第一，容量大，即拥有海量的数据；第二，种类多，即数据的类型丰富；第三，速度快，即人们可以快速地获取数据；第四，真实性强，即数据质量较高；第五，价值大，即数据可用价值高。要想充分发挥大数据的功能，就必须结合学习分析技术，该技术主要对这些海量的学习数据进行分析，进而对学生做出客观的评估，找出潜在的问题，并且提出应对的方法。由此可见，智慧学习技术是相互联系的，不能孤立地看待，它们往往会一起发挥作用。

在传统的课堂教学中，教师往往很难了解学生的学习过程与轨迹，无法实时掌握学情，而智慧学习技术的出现，将师生在课堂上的教学学习数据尽数捕捉，并且能够对这些数据展开科学分析，还能将其可视化，使师生更加直观地了解相关的教学信息，帮助教师制订教学策略。

（三）智慧学习环境

一般来说，学习环境主要由物理环境与虚拟环境构成，在智慧课堂中，物理学习环境就是智能教室，而虚拟学习环境就是智慧学习平台。

传统的教室环境的构成元素比较简单，包括教师、学生、讲台、黑板等，这种教室形态比较原始。不过，教室环境简陋不代表传统的课堂就没有智慧，智慧始终存在于每个时代的教学活动中，只是其内涵及表现形式有所不同。传统课堂的智慧主要体现在师生的言行举止上，圣贤孔子就非常注重对学生言行的教导，其语录还被弟子编写成《论语》，至今仍被学习传承。现代信息技术的出现改变了教室的形态，比如，多媒体技术促成了多媒体教室的建立，但是，学生的学习模式并没有多大的变化，只是从"人的灌输"变成了"技术灌输"，学生依然在被动地学习，智慧培养没有得到重视。而智慧课堂则改变了这种局面，它依托于智慧教室，致力于促进学生智慧的生成。智慧教室的组成要素包括基础设施、泛在网络、技术支持平台、教学平台、移动终端设备等。其中，基础设施主要指教室中的桌椅板凳、灯、计算机、无线路由器等；泛在网络指多种网络连接方式；技术支持平台指数据采集、数据分析平台；教学平台指能够完成教学实施与管理的平台；移动终端设备则指智能手机、平板电脑等。

在现代教育技术发展的初期，由于缺少完善的平台，这些智能技术只能被零散地应用，不能将其功能发挥到最大，而"互联网+"时代则促进了它们的技术融合，许多开放的、智能的移动学习平台建成，教师与学生可以在一个平台上完成所有的教学任务与学习任务，包括师生互动、布置作业、完成作业、教学评价等。并且这些平台还在不断更新完善，不断满足人们新的需求，智慧学习平台在教育领域的应用也越来越普遍。

（四）智慧学习资源

学习资源主要指学生在学习过程中需要的信息资源与实物媒体，它是教师与学生开展教学学习活动的前提。具体来看，信息资源主要指学习过程中需要用到的信息技术、教学设备等，实物媒体则指学习活动中需要的实物、标本、模型等工具，实物媒体更加形象直观，具有较强的真实感与空间感。

目前，人们对于智慧学习资源还没有统一的定义，本书认为智慧学习资源就是智慧课堂教学所需要的资源。

智慧学习资源包括预设性学习资源与生成性学习资源。预设性学习资源是智慧学习平台所提供的所有资源的集合，它鼓励资源独立于设备。学生可以随时随地用手机在资源库中查找资料，选择自己需要的资源。并且智慧学习平台还能按照学生的学习特征、学习需求为其推送合适的学习资源。生成性学习资源具有生成性和发展性，也就是说，它并不是预先存在的资源，而是随着学生的学习活动不断生成的资源。学生与教师、同学的交流记录，学生的个人反思与学习成果等都属于生成性学习资源。

第二节　智慧课堂教学在大学英语教学中的应用价值

一、追求教育公平

大学英语智慧课堂将现代教学技术引入英语课堂之中，促进了师生之间的互动交流，并且优质的英语教学资源可以通过网络远程输送到各个地方，教学资源的共享为实现教育公平助力。空间上，通过多媒体教学技术，学生可以坐在教室中看到其他学校的教室场景，也就是说，英语教学可以以异地同步的教学形式进行，英语的学习不再受到空间的局限，不管是优秀的教师还是优质的教学资源都可以共享。时间上，教师与学生的互动交流可以摆脱课堂时间的限制，即使在课下，学生也可以向教师提出自己的问题，与其他同学在线上进行讨论，学生的思维也不再局限于某个课堂，英语学习思维得到拓展。

二、提升英语课堂效率

基于信息技术与大数据技术形成的英语智慧课堂能够极大地提升英语课堂教学效率，辅助英语教师设计出合理的、个性化的教学方案。英语智慧课堂有着非常丰富的教学知识储备，支持多样化的教学形式，能够借助现代信息技术实时分析学情，跟踪记录学生的学习过程，并且可以随时回顾相关的教学内容。具体来看，英语智慧课堂对英语教学效率的提高主要体现在两方面，一是教学密度高，二是教学节奏快。教学密度高是因为英语智慧课堂涉及的知识范围非常广，教学内容多，练习量较大；教学节奏快是因为在现代教育技术的辅助下，英语课堂教学的节奏加快了，但依然遵循着一定的秩序。

在信息时代背景下，英语教学资源的内涵也有所扩展。现如今，除了基础的英语教材之外，其他相关的辅导书籍、音频、视频以及网络上的课程资源都属于英语教学资源。只要英语教师仔细筛选，加以利用，就能为英语课堂增添各种有趣的、新鲜的内容。英语教学必须与时俱进，关注网络教学资源，加强信息技术与英语课程的整合，最大限度地提升英语课堂教学效率。

三、为英语教师减负

传统的英语教学模式下，英语教师除了在课上讲授知识之外，还有许多其他的教学任务要完成，比如，备课、批改作业等，工作量较大，教学任务比较繁重。智慧课堂的出现则缓解了这一问题，它可以根据英语教学大纲以及本节课的教学内容，智能化地为教师推荐教学课件，推送相关的音频、视频教学资源，还会筛选出课程内容的重难点，推送具体的应用案例等，这为英语教师备课带来了极大的便利。英语教师可以借助这些优质的智能化课件，高效、快速地完成备课任务，其教学负担被减轻了。

以前，英语教师必须每天批改作业，只有这样才能掌握学生对知识的理解程度，还要组织学生每周或每月进行一次考试，设计试卷、修改试卷，期中或期末考试的工作量会更大，这些工作都是对教师教学时间与精力的消耗。智慧课堂则以智能化技术与海量的资源库，代替了教师的出卷、改卷工作，并且还能在改卷之后自动生成分析报告，明确学生在学习中的问题，为教师提供了精准的、科学的数据，便于教师有针对性地修改教学策略。显然，智慧课堂帮助教师节省了大量的重复劳动的时间，使英语教师的工作负担有所减轻。

四、实现因材施教

每个学生的学习能力与学习特色都不同，每个个体之间都存在差异，但是由于教师数量有限、课时安排不足等多个方面的原因，传统的英语课堂教学很难做到因材施教，教师只能用一个统一的标准要求学生，这导致许多学生都不能充分发挥其学习潜能，难以达到预期的教学目标。现代教育技术的发展正在逐渐解决这些问题，教师可以借助计算机技术与网络技术，为学生创建一个良好的自主学习环境，在这里学生可以根据自己的学习能力与学习兴趣，灵活地采用各种学习方式与学习途径开展英语学习。对于学习能力较弱的学生而言，可以选择难度较低的课程，循序渐进地展开学习；而对于学习能力较强的学生而言，则可以选择较高难度的课程，挑战自己，激发自己的无限潜能。可以说，智慧课堂使因材施教成为可能。

第三节　大学英语智慧课堂教学方法存在的问题与对策

一、大学英语智慧课堂教学方法存在的问题

（一）教师方面存在的问题

1. 教师担忧实施智慧教学会加重工作负担

英语教师如果使用智慧课堂开展教学活动，就要增加许多工作量，既要制作教学视频，又要完成教学设计，还要把视频发送到学生手中，了解学生的学习过程，再在此基础上修改调整教学策略，这需要耗费教师大量的时间与精力。这些都是很多教师不愿意进行智慧教学常态化应用的重要原因。

课前备课花费的时间长，教学负担重，教师课外还要随时回答学生学习中遇到的问题和监控学生学习情况，这无疑额外增加了教师的备课时间和工作负担。同时，还有些教师感到使用学习平台，不太符合教师们网上备课的习惯。

2. 教师较难适应智慧课堂中新的角色

智慧课堂改变了教师的身份角色，它让教师走下讲台，变身为学生的指导者与教学活动的组织者，这种身份的转变让许多教师在短时间内难以很好地适应。在英语智慧教学中，知识内容的讲解工作不再完全依赖于教师，微视频以及其他教学资源可以帮助教师分担这一教学任务，因此，教师的工作重点就变成了激发学生的学习兴趣、引发学生的思考、为学生答疑解惑、组织开展教学活动以及评价学生的学习效果等。智慧课堂强调学生的主体地位，教师的身份角色正在逐渐向"导师"靠近。

此外，新环境下的英语课堂管理和控制也给教师带来了新的挑战。

3. 教师担忧自己的信息化技术水平低，难以胜任智慧教学

不少教师认为制作教学视频是其在英语智慧课堂教学中遇到的比较大的困难。无法制作出高质量的教学视频，导致英语智慧课堂教学也无法得到真正施行。

4. 教师担心进行智慧教学会影响教学成绩

由于广大教师尤其是一些教学经验丰富的教师已经习惯了原有的教学方式，而且也取得了不少教学成绩，因此，他们对智慧教学能不能提高教学成绩持有疑义，这影响了他们进行智慧教学的积极性。

5. 教师担心学生的课前自主性学习不到位

首先，部分学生没有较强的自律能力，在课前学习环节不能自觉、自主地学习，虽然教师花了大力气录制微课视频，但是由于学生负担较重和自主性学习动力不强，导致教师在课堂上的辅导效果大打折扣。有些学生还没有掌握基础知识，

这让教师不得不在课堂讲解原本需要学生看视频学习的知识，而这种情况下，英语课堂时间就不够用了。

其次，学生的学习需求不一样，如何满足不同学生的学习需求是教师需要考虑的事情，究竟教师能否具备驾驭智慧课堂的能力，他们心里并没有底。

（二）学生方面存在的问题

1. 学生学习微课视频的时间有限

目前，大学生有着繁重的专业课任务，且在平常生活中也会参与一些社团活动，这导致学生的学习时间并不多，很多学生不能在有限的时间里完成视频观看和学习内容。

2. 学生无法及时适应新的教学模式

英语智慧课堂更注重学生高层次思维能力和解决复杂问题能力的培养，小组合作学习、案例分析、同伴互助教学和共性及个性的答疑解惑都是教师常用的教学方式。学生需要积极思考、小组合作、积极参与、发表观点、勇于表达。但是有些学生习惯了原有的教师讲—学生记的传统英语教学模式，这让学生一时间还无法及时适应智慧课堂这一新的教学模式。

二、大学英语智慧课堂教学问题的解决策略

（一）发挥不熟悉信息技术的老教师的教育教学优势

不熟悉信息技术的老教师，同样可以在英语智慧课堂教学中发挥重要作用。他们可以在制作微课视频讲解知识时的设计方面发挥作用，例如，如何突出重点和难点，如何解决学生的易错点等，采用哪些教具或材料呈现知识点，这些都是有经验的老教师所擅长的。最为理想的状态是，老教师和年轻教师结合起来，或者是老教师和懂信息技术的教师结合起来，有教育教学经验的老教师发挥其自身的教育教学优势，选择知识点，懂信息技术的教师负责设计、呈现视频。

（二）切实解决学习基础差的学生的智慧教学问题

学生的学习能力存在差异。对于相同的内容，有的学生学习天赋比较高，需要的时间少；而有的学生学习能力相对较弱，在学习上花费的时间就会很长。对于学习能力比较强的学生而言，他们在课前通过自学就能很快完成对知识的理解、识记，并能完成初步探究。在课堂上，他们也能及时理解与完成教师所发布的深化拓展、创造探究任务。

对学习能力比较弱的学生而言，他们在课前通过学习微视频和其他教学资源，反复学习，所理解和识记的基本知识可能并不多，只能完成初步检测。在课堂上，在教师的引领下，其主要任务是夯实巩固基础知识和基本技能，如果有时间就进行拓展深化的任务。这样，教师利用智慧教学平台就完成了英语个性化教学的任务。以信息技术为支撑的智慧课堂，很好地解决了班级授课制背景下学生个性化

学习的问题，也更好地满足学生个性化学习的需要。

（三）调动学生课前预习、主动学习的积极性

总是有少数学生在课前不进行自主学习，以致影响课堂教学的进度。这个问题是很多刚刚开始尝试智慧课堂教学的教师都会遇到的问题，即学生课前自学不到位，课堂上的辅导解惑就没有办法进行，这让教师对于课堂上要不要再把知识点重新讲一遍这一问题感到非常纠结。

应该说，这种新的教学模式的适应确实需要一定的时间。教师和学生都已经习惯于课堂讲解、课后作业的教学模式。现在模式换了，刚开始时，不但教师不太适应，也会有学生不适应。同时，智慧教学模式需要学生的主动学习、主动参与，无论是课前自主学习，还是课堂中的教学，都需要学生在参与中积极思考。这对少数习惯于被动学习的学生来说，显然是更"麻烦"了。

目前，在笔者看来，可采取的措施主要有以下几个方面。

1. 从技术的角度缓解这一问题

比如，让学生的平板电脑等终端设备只能浏览教师推荐的学习内容，不能浏览其他网页。同时，让学生知道，教师可以通过他的网络终端，监控每一个学生的学习情况，哪个学生在浏览视频，哪些学生在做作业，作业作答的情况如何等，教师都是可以随时观察的，这也给学生形成一些压力，使其能自觉学习。

2. 从教学结构上来逐渐改变这一问题

教师在课堂上不再讲解新知识，或只讲那些共性的易错点和重难点，之后便直接让学生接受检测。这让那些课前没有自学的学生意识到，如果课前不自学，就不能很好地完成课堂教学中的检测。

教师在课堂互动中，要重点关注那些自主学习能力较差的同学，让他们意识到课前要进行自学，否则会很"麻烦"。这样，时间长了，他们就能逐渐形成自主学习的良性循环。如果教师因为担心少数几个学生没有课前自学，在课堂上还是直接讲解新知识，这样既会浪费课堂时间，也会形成教学层面上的恶性循环，那些在课前没有自学的学生就会认为，反正教师在课堂上还是会再讲解一遍的，课前不自学也没有关系，久而久之，就会导致越来越多的学生课前不自学，智慧课堂也就无法开展。

3. 对学生进行学习方法的培训

刚开始进行智慧课堂教学改革时，教师要对学生讲清楚该教学方法的优势，这样学生才能按照教师的要求进行课前自学。这样的培训有利于学生更好地理解教学改革的初衷，能让学生更好地适应智慧课堂教学中教与学的方法。

（四）重新对信息教育时代教师的作用进行定位

1. 技术肯定会替代教师的部分职能

传统英语教学模式下，教师的教学工作实际上都是靠机械的、重复的劳动完

成的，而现代教学技术将教师从这种重复性劳动中解放了出来，因此，他们可以用剩余的时间和精力去完成一些具有创造性的教学工作。信息技术是实现这些的基础与前提。以前教师只能用纸笔记录学生的成绩、批改学生的作业，只能通过考试成绩评价学生的学习成果，而大数据技术、云计算技术为教师提供了智能批改作业的功能，实现了数字化教学，教师能够借助这些技术开展精准教学，全程跟踪记录学生的英语学习过程，从多个方面分析学生的个性特征，从而制订个性化的教学策略。

在传统教学条件下，大学英语课堂人数众多，师资力量薄弱，根本不可能进行一对一个性化教学，教师只能通过以往积累的经验对学情进行大致的分析判断。这种情况在信息技术的帮助下得到了改善，信息技术为教师提供了开展个性化教学的技术条件，使因材施教成为可能，教师可以借助信息技术对英语课堂教学进行合理的创新，探索出更多有效的教学方式。

2. "互联网+教育"无法完全替代教师的作用

虽然信息技术可以为人们分担许多工作，甚至有些工作比人类完成得还要好，但是在教育领域，技术始终无法代替教师与学生进行深层次的交流。

英语教育绝不是一件简单的事，教师与学生的互动交流也不是机械进行的，相反，师生之间的交流互动具有不确定性，正是这种不确定性使英语教育具有无限可能。英语教育的这种不确定性和无限可能性，要求教师灵活地处理各种复杂问题，用创新的方式处理问题，而单纯依靠技术是很难做到这一点的，技术只能根据固定的模型框架来解决问题，何谈创新。

3. 决定成败的关键不是"网"，而是"人"

可以说，现代化的本质就是人的现代化发展，同样地，教育现代化的最终目标就是促进人的发展，促进人的解放，强调人的主体性。因此，教师在实施英语智慧教学时，必须将学生的发展放在重要位置，尊重英语教学规律与学生发展规律，灵活地使用现代先进的教育教学技术，主动地推进英语教学创新，教师不能一味地投入"网"的使用，而忽略了"人"的发展。

英语教学的核心始终是人与人之间的情感交流碰撞，这显然是智慧教学技术无法做到的。因此，英语教师应该认识到，尽管智慧课堂模式优势不少，但是他们不可以盲目追求技术的先进、发达，如果过分地追求技术，很容易偏离大学英语教学的方向。

4. 教师角色的转换和能力的提升

英语智慧教学的实施，是为了让教学从以教师的教为主，走向以学生学和教师教相结合，让学生从被动地学走向主动地学，这就要求教师进行角色转换。

教师需要从"讲台上的圣人"转变成学生"身边的辅导者"。在英语教学过程中，教师既要考虑学生整体教学目标的达成情况，又要满足学生个体化的学习需求。因此，教师必须具备良好的信息素养，持续更新信息技术相关知识，同时，还要注重提升自己的英语学科素养与教学管理素养。

（五）培养教师的"互联网思维"

所谓互联网思维，是指在网络信息时代下产生的一种全新的思维方式，它具有诸多优势与特点，具体包括跨界融合、平台开放、关注用户、强调体验、应用大数据技术等。传统大学是比较封闭的，校园内的所有课程、师资力量以及教学设施都属于本校私有，很少在社会上共享，虽然我们希望每个人都能得到最好的教学资源，但是毕竟优质资源有限，大多数集中在重点高校。慕课、微课的出现对这种教学资源的垄断发起了冲击，各种优质教学资源可以通过互联网分享给全世界，只要拥有互联网与移动终端，不管身处多么偏远的地方，学生都可以观看优秀教师的优质课程。

教师制作教学视频的任务重、压力大，不能仅依靠教材进行视频制作，而是要充分利用互联网中的优质资源。教师可以在网上寻找一些符合自己需求的、合适的、优质的课程视频，直接下载使用，这能够有效减轻教师的工作压力。另外，大学英语教师之间也要进行微课视频共享。

传统的英语课堂教学需要依赖教师的主观经验，而现代英语智慧课堂依靠的是大量的、充足的客观数据。借助大数据技术对学生学情、教学效果展开分析，极大地推动了高校英语教学改革的进程。具体来看，大数据技术与人工智能技术可以使教学分析结果可视化，教师可以通过清晰的图表了解教学效果，反思教学策略，进而有针对性地予以调整。同时，教师还可以借助新兴技术分析掌握学生的个性特点、学习偏好，从而帮助学生找到最适合自己的学习方式，为学生制订个性化的学习计划，真正实现差异化、个性化教学。由此可见，现代信息技术与大学英语的深度融合有助于学生的个性化发展。

总之，"互联网+教育"的时代已经到来，英语智慧教学的研究探索还是一个崭新的课题，无论是理论研究还是实际应用都处于起步阶段。积极探索信息技术和英语课堂教学深度融合的途径和方法，是英语教育者共同的理想。

第四节　智慧课堂在大学英语教学中的具体应用

一、智慧课堂在大学英语听说教学中的应用

（一）智慧课堂在大学英语听说教学中的应用原则

1. 真实性原则

在智慧课堂中，对大学英语听说教学相关任务内容进行设计时，教师应该贴

近学生的真实生活，并将学生的一些真实经历融入其中。这种教学设计有利于将教学理论知识与社会生活有机结合，从而调动学生学习的积极性和主动性，更有利于学生将自己所学的理论应用于具体的社会生活实践中。

在日常的大学英语中，英语教师为了提高学习成绩，会组织多种形式的活动。虽然这些活动内容丰富、涉及范围广泛，但都存在着一个共同的缺点——缺乏真实性，不利于激发学生学习的兴趣，也不利于理论与现实生活的有效融合。因此，教师在设计英语教学任务时，应该保证英语教学任务的真实性，多组织一些真实性的活动，从而提高学生对知识的探究欲望。

2. 阶梯性原则

在英语智慧课堂教学中，教师要根据学生的实际学习情况来进行教学任务的设计。同时，教师还应该明确，教学与学习是一个不可分割的系统，两者之间并不是孤立存在的，而是相互影响、相互作用的。教师要结合英语听说教学的具体目标以及学生之前存在的个体差异进行英语听说任务的设计，遵循任务的阶梯性原则，即先设计一些简单的、容易理解的任务，再设计一些复杂的、难以理解的任务。具体而言，教师在设计一个单元的任务时，首先应该将所有的任务集中在一起，然后再遵循阶梯性原则，将一个单元中所有的任务进行由易到难的设计。同时，还应该注意的是，教师在设计任务时应该保证任务与任务之间的衔接性、层次性、合理性、逻辑性，这样有利于激发学生探索任务的兴趣。

3. 交流性原则

由于听说教学的特殊性，所以，教师在进行英语智慧课堂听说教学任务时还应该遵循交流性原则。学生通过交流能够认识并改正自己的不足。同时，学生在交流中也能够学习他人的长处，发现他人的不足，这样有利于学生吸取他人的经验和教训，从而促进自己听说能力的提高。如果任务的设计缺乏交流性，那么，学生与学生之间就无法相互学习，也无法取长补短，这在一定限度上会限制学生的发展。

4. 延展性原则

在英语智慧课堂教学中，教师在设计任务时不应该只局限于英语课堂教学，还应该根据学生的学习情况和任务目标恰当地将学习任务延伸到课堂外，与课堂外的一些活动相结合。这就是英语智慧课堂教学中的延展性原则。英语智慧课堂教学不同于传统的英语教学，是英语传统教学的一种改革和创新。全方位的教学环境、丰富的教学资源和学习资源是开展英语听说智慧课堂教学的关键。

除此之外，还需要指出的是，在进行听说教学任务内容设计时，教师应该在英语听说教材的基础上融入一些其他与之相关的学科内容，这是对任务内容的延伸。

（二）基于智慧课堂的大学英语听说教学的可延续对话型设计

1. 明确学习目标

在可延续对话型任务设计中，教师应该将学习目标置于首位。同时，教师要注意学习目标完成的顺序。

具体而言，可延续对话型任务强调的是任务的可延续性，主要是指围绕某一问题组织的一系列可持续的学习活动。在每个阶段的对话中，任务都是明确的，同时也是可视化的。在完成每个阶段对话任务后也可以检测自己完成任务和目标的情况。同时，教师安排对话不受教材的限制，而是根据句法的难易程度以及对话的准确、熟练性而进行安排，保证对话的逻辑性、层次性、梯度性等，这样有利于为学生提供可延续对话型系列活动。另外，教师要鼓励学生参与可延续对话系列活动，积极主动地学习，从而在完成每个阶段对话目标的基础上实现整节课的学习目标。

这种可延续对话型任务设计也适用于大学英语听说智慧课堂教学。同样，在这一任务的设计中也要注重学习目标的制订，并通过完成英语听力每个阶段对话的子目标来实现英语听说课程目标。

2. 学习者分析

学习者分析也是可延续对话型设计应该考虑的因素。通常情况下，教师会通过学习者的学习需要与学习特征来进行学习者分析。智慧课堂与传统课堂不同，它注重学生的自主学习和个性发展，同时，确立了学生的主体地位，课堂教学主要以学习者为中心。要想实现智慧课堂的教学目标，必须综合分析学习者，例如，学习者的实际听力水平、学习习惯、学习心理、学习素养等都是分析的范畴。

大学英语听说智慧课堂教学坚持以学生为中心的理念，将学习者的学习特征与学习需求融入具体的听说教学任务设计中。同时，教师还围绕听说教学目标、教学内容、学习者的学习特征和需求创设真实的英语听说情境，这在很大程度上促进了学习者智慧的生成，调动了学习者学习英语听力和口语的积极性，提高了学习者的语言表达能力和应用能力。

3. 确定主题

确定主题也是可延续对话型任务设计的重点。教师根据学习目标以及学习者的实际学习情况，结合教材内容，选取与学习者学习、生活联系比较密切的主题，并遵循循序渐进、由易到难的顺序进行主题的确定。而学生可以根据自己的学习情况、兴趣爱好等来合理选择主题和对话伙伴。这里需要指出的是，智慧课堂不同于传统课堂，学生的对话伙伴在传统的同学伙伴的基础上，还增加了一些移动终端，当然是可以进行人机对话的移动终端。

在选择完对话主题和对话伙伴之后，每个小组就可以进行对话练习了。需要指出的是，每个对话小组在对话主题、对话内容上是不一样的，因此，每个小组的对话方式、学习方法也都存在着一定的差异。而学习平台会将每个小组的学习情况以及差异记录下来。教师要想对每个小组进行合理评价，就以学习平台的记录为依据。

具体到大学英语听说智慧课堂教学中，教师在设计任务时也应该注重主题的选择与确定。同时，教师在选择主题时应该根据学生的听说水平、英语学习兴趣、社会生活经历等，从而使主题能够满足学生的需要，激发学生学习的兴趣。另外，教师还要注意对话内容的顺序，应该遵循循序渐进的原则，在一步步任务和活动的促进下，学生的英语听说能力也会有很大的提升。

4. 选择交互形式

如前所述，每个小组有着不同的对话主题。基于此，每个小组可以根据自己的对话主题来选择合适的交互形式。比较常见的交互形式有学生与学生之间的互动形式、学生与具有人机对话功能的移动终端的互动形式、学生与教师的互动形式。

具体到大学英语听说智慧课堂教学，教师也要引导学生科学选择交互形式。与传统的教学模式不同，智慧课堂教学有网络平台的支持，因此，教师可以引导学生在与其他学生互动的基础上，将学生与移动终端的互动融入其中，这样，智慧课堂的网络学习资源有利于丰富小组对话的内容。总之，生生交互形式与人机交互形式的有机结合，有利于互动形式的多样性，也有利于小组对话的可延续性。

需要指出的是，无论选择哪种交互形式，都必须有利于对话的开展，只有适合自己的才是最好的。同时，教师还应该使学生意识到网络学习平台在小组对话中的重要性，并通过网络学习平台进行对话和互动。另外，教师还应该引导学生注重交互形式的多样性，在一种交互形式的基础上还可以根据实际情况选择其他的交互形式，从而弥补一种交互形式的不足。教师还应该充分发挥自己的指导作用。具体而言，教师要对生生互动、人机互动、师生互动等互动形式进行讲解和示范，使学生明确这些互动形式的策略、重点与注意事项等，从而最大程度地提高学生的学习效率和效果。

5. 学习支持服务设计

众所周知，传统的英语教学缺乏语言环境，这在很大程度上制约了英语教学的发展。而在智慧课堂教学中，学习支持服务可以弥补传统教学的缺陷。

具体到大学英语听说智慧课堂，教师在设计英语听说教学任务时，充分利用网络技术，将智慧课堂融入具体的听说教学设计中，实现了网络技术与智慧课堂教学的整合。教师利用多种信息技术工具，融入多种信息技术资源，真正实现了线上线下资源的整合。同时，教师还注重学习支持服务设计。这些都为英语听说教学提供了真实的语言环境。

可延续对话型任务设计要求智能学习系统具有多种功能，例如，人际对话功能、线上讨论功能、反复播放对话视频功能等。智能学习系统的这些功能，为小组对话提供了丰富的资源，也为小组对话活动的顺利开展提供了技术保障。

6. 效果评价

效果评价在可延续对话型任务中也起着不可替代的作用。教师要引导学生通过恰当的方式来展现自己的学习成果，并为学生提供学习效果评价的标准。同时，教师还应该鼓励学生之间的评价，并提供相应的评价标准。

具体到大学英语听说智慧课堂教学，教师在进行可延续对话型任务设计时就应该提出相应的任务标准，使学生明确英语听说学习成果的评价标准。同时，教师也要采用科学合理的评价方法对学生英语听说学习的效果进行评价。

二、智慧课堂在大学英语词汇教学中的应用

（一）智慧课堂应用于大学英语词汇教学的必要性

随着信息技术的迅速发展，智慧课堂在大学英语教学中的应用更加广泛。关于大学英语智慧课堂教学模式的研究也日益增加，但大多数研究都集中在以下几个方面：一是对大学英语智慧课堂的各种要素进行了系统论述，其中，系统要素、技术要素、应用要素是研究者的研究重点；二是对大学英语智慧课堂的网络平台进行了系统研究，并对平台的基本特征进行了重点论述；三是对大学英语智慧教学模式的线上线下模式进行了研究，并构建了相应的模式体系；四是对大学英语智慧课堂教学模式的具体应用进行了研究，为智慧课堂的具体应用提供了指导。

纵观国内的相关研究，大部分都集中在大学英语智慧课堂教学模式的整体构建等宏观方面，关于大学英语智慧课堂教学模式微观层面的研究屈指可数，尤其是在词汇、翻译、写作等方面的研究更是寥寥无几。

1. 大学英语词汇教学存在的问题

词汇教学属于大学英语基础知识教学的范畴，它能够为大学英语技能教学提供保障。无论是听力教学、口语教学、阅读教学，还是写作教学、翻译教学，都要求学习者拥有一定的词汇量。而词汇教学是学习者学习词汇、积累词汇量的重要途径。因此，大学英语教学必须重视英语词汇教学。然而，中国词汇教学的现状不容乐观，还存在着很多具体的问题。

第一，因课时少而忽略基础的词汇教学。大学英语教学涉及的内容比较多，但课时设置比较少，为了在有限的课时内完成如此繁重的教学任务，很多教师直接将基础性的词汇教学忽略。

第二，大学英语词汇教学仍采用以教师为中心的传统教学模式，教师负责传递知识，学生只能被动地接受词汇知识。久而久之，很容易使学生失去对词汇学习的兴趣。

第三，英语词汇教学方法单一，基本采用读单词—讲单词—译单词的方法，不利于提高英语词汇教学的效率。

第四，学生自身没有找到适合自己的学习英语词汇的方法。

2. 基于智慧课堂的词汇教学改革势在必行

要想解决上述大学英语词汇教学中存在的问题，就应该对大学英语词汇教学进行改革。将智慧课堂融入大学英语词汇教学中，是当前英语词汇教学改革的必然趋势。究其原因，主要包括以下几个方面。

第一，智慧课堂是信息技术发展的产物，实现了线上线下教学的有效融合。这种教学模式使词汇教学不受时间和控制的限制。众所周知，词汇教学是一个复杂而动态的过程，在时间有限的课堂教学中很难系统讲解词汇，也很难实现词汇教学的目标。而智慧课堂与英语词汇教学相融合，打破了传统教学的局限，学生可以在课下随时随地进行词汇学习，真正解决了课堂教学学时不足的问题。总之，智慧课堂将课堂教学与课外教学、线上教学与线下教学有机结合，对词汇教学具有很大的促进作用。

第二，智慧课堂在词汇教学中的应用，为教师提供了多样化的教学方式。智慧课堂以信息技术为基础，融合多种教学媒体，为教师和学生提供了丰富的资源。教师可以采用智慧课堂的支持平台进行词汇教学，也可以借助微信等交流工具对学生的词汇学习进行指导。

第三，智慧课堂注重学生的主体性，能够促进个性化教学的实现。智慧课堂融入词汇教学，教师可以充分利用智慧课堂教学的优势，利用测评分析，及时了解学生词汇学习的情况，并根据学生的学习情况进行个别化辅导，同时，也可以及时调整词汇教学的进度，促进学生的个性化学习。除此之外，学生在智慧课堂教学中可以自主学习、自主探索，从而不断提高自己的自主学习能力。学生也可以根据自身的实际学习情况来选择词汇学习资料，调整学习进度，真正发挥自己的主体优势。

综上所述，智慧课堂有利于解决大学英语词汇教学中存在的诸多问题，为大学英语词汇教学提供了新的思路。因此，将智慧课堂融入大学英语词汇教学改革中是必要的，也是可行的。

（二）基于智慧课堂的大学英语词汇教学课堂设计步骤

智慧课堂在大学英语词汇教学中的应用是复杂的。为了方便读者理解，这里主要以"Toward a brighter future for all（郑树棠，《新视野大学英语1》第3版）"为例进行具体分析。

这一节课的学习目标是学生学习和掌握42个单词和12个词组。具体的词汇教学设计如图1所示。

1. 课前准备

课前准备是基于智慧课堂的大学英语词汇教学课堂设计的基础。课前准备不仅包括学生预习英语单词的测评，还包括相应的英语词汇教学设计。课前准备能够为英语词汇智慧课堂教学设计奠定基础，旨在借助信息化平台对学生预习英语

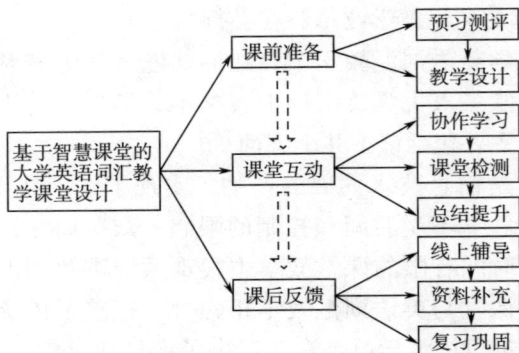

图 1　课程设计流程

单词的情况进行检测，并根据预习测评结果，对英语词汇智慧课堂教学方案进行设计。在词汇教学设计过程中，要注意设计的针对性、逻辑性、个性化。

2. 课堂互动

课堂互动也是英语词汇智慧课堂教学设计中不可缺少的环节。课堂互动强调学生在课堂上的交流与互动，它是在学生预习的基础上进行的。通常情况下，课堂互动除了包括协作学习、课堂检验外，还包括总结提升的部分。通过课堂互动的设计和实施，有利于改革传统的教学模式，创新词汇教学的方法，形成平等、互动的师生关系，最终有利于提高英语词汇教学的效率，实现英语词汇教学的目标。

3. 课后反馈

课后反馈是英语词汇智慧课堂教学设计的最后阶段，也是词汇设计不可缺少的环节，课后反馈能够对学生课堂上的表现和学习情况进行反映。教师可以根据学生的实际学习情况设计下一节课的教学内容和目标。通常情况下，课后反馈除了包括线上辅导、资料补充外，还包括复习巩固等环节。还需要指出的是，教师可以根据课后反馈的结果，对词汇教学进行资料补充，从而使学生能够真正理解和掌握英语词汇，并将其灵活应用到实践中。

第六章　基于现代教育技术的
大学英语微课教学路径

随着信息化时代到来，网络通信技术发展日新月异，各种微平台也在不断发展。以短小精悍的教学视频为呈现形式的微课，正在影响我国教育教学改革的发展趋势，成为日渐成熟的新型教育教学资源。大学英语教学也应该结合微课模式，推动自身发展。

第一节　微课概述

一、微课的概念

"微课"是信息技术迅速发展的产物。微课的发展在很大限度上也促进了信息技术的发展。关于微课的概念，不同的学者有着不同的观点。本书在吸收诸多学者观点的基础上，对微课的概念界定如下：微课是一种教学载体，它利用短视频的形式来阐述某一问题或观点，旨在帮助教师和学生学习知识、巩固知识。

二、微课的特点

微课是一种新的学习方式，它打破了传统教学模式实践和空间的局限，其主要特点用八个字概括：精美、简洁、具体、生动。具体而言，其包括以下五个方面。

（一）主题明确

传统教学模式存在着很多问题，比较常见的有教学重点内容和难点内容不分明、不清晰，不利于学生把握教学的重点和难点；教学目标不明确，不利于学生了解教学方向；知识点涉及范围广，内容复杂，不利于学生提高学习的效率。而微课的出现，可以解决传统教学中存在的这些问题。

众所周知，教师在进行微课制作的过程中，主要将教学中的难点和重点融入微课的制作中。可见，微课教学在主题上以明确为主，在内容上以简洁为主，这是传统教学无法比拟的优势。

总之，主题明确是微课的主要特点之一。在微课制作中，教师只有明确了主题，才能从中选取一些重点、难点知识，才能保证主题内容的典型性和代表性。同时，主题明确的微课教学能够激发学生学习的兴趣，有利于集中学生的注意力，也有利于学生快速地理解主题内容。

（二）多元真实

第一，微课的多元，主要强调的是微课资源的丰富性和多样性。比较常见的微课资源主要有微课视频、微课件、微练习等。这些能够为学生学习提供丰富的资源。可见，资源的多样性是传统教学模式无法比拟的。另外，微课多样化的教学资源也能够促进教师的发展。

第二，微课的真实，主要强调的是教学情境的真实性。微课教学注重真实情境的创设。教师在制作微课的过程中，会将教学内容融入具体的真实情境中，从而形成微视频。同时，还需要指出的是，教师在创设真实情境时应该多贴近学生的现实生活，只有这样，才能促进教学目标的实现。

（三）弹性便捷

众所周知，传统课堂教学的时间是固定的，不具有灵活性和弹性。而微课教学却不同，制作的视频通常时间比较短，即使一些长视频，其时间也不会超过10分钟。这种安排更能够集中学生的注意力，与学生的认知特点也十分契合。

另外，在制作微课时，资源容量也不大，很多资源容量都在百兆以内。这种小容量的资源在存储过程中更加便捷。也正因如此，微课教学和微课学习成为可能。总之，学生在学习微课视频的过程中，不仅不会花费太多时间，还会更加集中精力进行学习，真正提高学生学习的效率。同时，学生可随时随地进行学习，弹性地安排自己的学习时间，为学生的学习提供了很大的方便。

（四）共享交流

微课的共享性主要强调微课资源的共享。微课是信息技术与教学内容的有机结合，具有资源丰富、方便快捷、互动性强等特点。微课不受时间和空间的限制，学生可以充分利用自己碎片化的时间进行学习。可以说，微课实现了资源的共享。

另外，学生可以在微课平台上进行互动和交流。教师也可以充分利用微课平台的优势，将一些短视频、微课件、微练习等上传到网络平台上，学生可以在平台上与教师、同学一起学习、互动和交流。教师可以学习其他同行的微视频，从而吸收他人的教学经验，弥补自己教学的不足。教师也可以在平台上与其他专家进行教学交流和互动，在教学反思和教学互动中不断提升自己的教学能力，最终促进自身专业发展。可见，微课的共享交流不仅有利于学生与教师、教师与教师、学生与学生之间的交流互动，还有利于形成平等、和谐的师生关系。更为重要的是，这种共享交流能够提高学生的学习效率，促进教师的专业成长。

（五）实践生动

以上特点使微课受到社会各界人士的好评，对于一线教师来说更是如此。由于微课开发的主体是广大一线教师，加之微课开发的本身就是以学校的教学资源、教师的教学与学生的学习为基础的，因此，越来越多的学校通过微课这种新的学习方式进行探索研究，挖掘本校的微课建设，这本身就具有很强的实践性。在实践的过程中，教师需要注意微课的表达方式，生动活泼不仅体现在微课画面设计、微课音乐设计、微课主体设计等方面，还体现在互动方式、设计步骤等方面。总之，实践生动是微课的主要特点之一，也是微课广泛应用于教育教学中的主要原因。

三、微课教学的基本原则

（一）简洁易懂

微课，重在一个"微"字，一般而言，微课教学的视频时长为 5~10 分钟，教师要想在如此短的时间内呈现出最精致的教学内容，在微课的制作过程中就要力求既"精"又"简"。由于微课的内容是针对某一个重要知识点而展开的具体介绍，因此，教师应该紧紧围绕核心内容进行剖析，最好能做到开门见山、直入主题。对于教师而言，能用一句话概括的内容绝不进行连篇累牍的详述，能用最通俗易懂的案例绝不进行牵强附会的拓展。教师要利用精辟简洁的文字激发学生开放发散的思维，真正帮助学生实现自主性学习。

（二）观感舒适

一个设计优秀的微课主要取胜于三个方面，即简洁的文字、精美的画面以及和谐的音乐，从而使受众观感舒适。首先，文字简洁，微课的播放要有适当的字幕提醒，不同时段的讲述重点要通过最简短、准确的文字呈现给受众，但是，文字简洁要以内容传递的准确性和前后关联的逻辑性为前提；其次，画面精美，教师在微课制作前应对所教授的内容从宏观到微观都能做到主次分明、心中有数，只有这样，教师才能通过课件将其中内容的层次以独特的画面语言告诉学生；最后，音乐和谐。不是所有的微课都需要添加动听的音乐，但是为了取得更加完美的教学效果，教师可以适当地添加能够起到舒缓学生情绪、维持学生注意力作用的乐曲。需要注意的是，无论文字、画面还是音乐，对于微课教学而言，这些都不是制作者最应该投放精力的地方，微课的关键还是在于内容的选取和讲授，切忌出现舍本逐末、喧宾夺主的情况。

（三）内容完整

微课，虽然"形"微，但其"神"不微。微课的授课时间虽然短，但时间的压缩并不意味着质量的降低，每一个微课的内容都是经由制作者严格筛选而来的最具有价值的知识点，短短 5 分钟的视频所囊括的内容不仅主题清晰、结构完整，并且要点突出、结论明晰。其所列举的案例往往也都跟学生的日常生活紧密相关，便于学生的理解。学生虽然只是通过屏幕进行学习，却也能够真正收到和课堂教学一样的学习效果。

（四）坚持"以学生为中心"

微课教学不同于传统的教学，它具有主题明确、共享交流、多元真实等特点。这些特点是传统教学所不具备的。将微课应用于教学中，可以改变传统的教学模式，可以打破时空的限制。通过对微课教学的深入研究，可以发现，微课教学是面向全体学生的，注重的是全体学生的发展。同时，微课教学效果的好坏主要取决于学生的发展和学习体验。因此，可以说，微课教学服务于学生，并通过这种服务来丰富学生的学习体验，所以，教师在微课教学中还需要坚持"以学生为中心"的原则。

教师在微课制作过程中，也应该坚持"以学生为中心"的原则。无论是教学内容和课程资源的选择，还是教学方法和教学策略的实施，都要"以学生为本"。同时，教师还应该结合学生的实际学习情况进行微课教学设计，从而使微课视频内容能够满足学生学习的需求。

除此之外，教师对学习资源的组织也要结合学生的实际水平和学习特点，突出学生的主体地位，坚持"以学生为中心"的原则。这样有利于资源的组织，符合学生学习的特点，有利于提高学生学习的热情，使学生保持学习兴趣，不断学习和探索。

四、微课的价值

（一）微课打破了传统课堂的种种约束

1. 从学生角度来讲

第一，提高了学生学习的效率。

无论是哪种形式的教学，教师在一节课中讲授的精华内容通常都是这节课的重点知识、难点知识和关键知识。这些精华的讲解也是这一节课的高潮部分，学生应该把握住这一部分的学习。实践证明，学生对某一知识点视觉驻留的时间一般是 20 分钟，这就要求学生快速捕捉一节课的高潮部分，并集中精力地听讲和学习。

通过上述分析可以知道，如果能够将教学的重点和难点内容制作成短视频形式就可以集中学生的注意力，提高学生的学习效率。基于此，很多研究者结合学校的实际情况，对教学重点知识、难点知识、考点知识等进行提炼和压缩，并将其制作成微视频的形式，供学生观看和学习。这种微视频包含了教学的重要知识点，有利于学生随时随地观看学习，这在很大程度上促进了学生学习效率的提高。

第二，有利于学生的自主学习和有选择性的学习。

随着信息技术和网络技术的发展，教学的灵活性、自由性、不固定性更加凸显。学生也不需要像传统课堂教学那样，在固定的教室进行学习。学生可以根据自己的学习情况以及需要，有针对性地在网络平台上学习。同时，有一些知识也不需要系统学习，针对某一个小的知识点或问题，学生可以从网上或目录中快速捕捉到解决方法，没有必要像传统课堂那样通揽整堂课。

可见，这种学习方式具有很强的针对性。学生可以针对某一问题在网络平台上自主查找、自主学习、自主选择，改变了传统教学中学生被动接受知识的局面。另外，在传统教学中，如果学生由于种种原因而无法正常上课，就无法聆听教师在这一节课中讲解的知识。而对于这一学习方式而言，学生可以通过点播微课的方式进行学习。

2. 从教师角度来讲

微课是对传统教学模式的改革和创新。这种新型的方式，不受时间和空间的限制，学生可以随时随地进行学习，有利于学生的自主学习，确立了学生的主体地位。在微课背景下，教师可以充分利用丰富的微课资源进行教学设计，并在微课平台上与其他有经验的同行进行交流学习。

尽管微课改变了以教师为中心的教学模式，但这并不意味着教师就不重要，相反，教师在教学中仍发挥着重要的指导作用。同时，教师还应该对学生在微课平台上的学习情况进行监督，必要时，教师也应该参与，与学生共同学习、交流和互动。另外，教师还应该及时发现学生的问题，并及时进行纠正和指导。总之，微课教学对教师而言，是一种挑战。教师应该不断学习、不断充实自己，只有这样才能更好地迎接微课带来的挑战。

（二）微课促进了教师的专业成长

微课作为信息化教学的重要组成部分，在学生学习、教师发展、教学改革、实践创新等方面起着不可替代的作用。这里主要结合教师的专业发展来讨论微课的价值。

1. 有利于提高教师的教学素质和专业素养

微课在具体应用时主要体现为两种不同的形式，下面对这两种表现形式进行具体分析。

第一，具体而微的形式。

纵观微课的整个教学设计和过程，囊括了整个教学过程以及教学中的重点、难点和关键点，同时，涉及完整的教学环节。具体而言，微课中包括新课导入、知识点剖析、内容讲解、教学评价、教学反思、习题设计等，这些完整的教学环节有利于学生全面学习知识。

然而，微课中很少包括学生参与、师生互动。它主要是体现教学中的重难点，体现教师的设计思维和理念，注重教学策略的融入。微课在展现教师教学理念、教学设计的形式上与课堂教学有着相同之处，但与课堂教学也存在着很多不同之处。从内容上而言，微课的内容更加具体；从教师方面而言，微课注重反映教师的理念。

第二，微小的片段。

一个完整的教学过程是由很多教学环节组成的。为了突出某一个环节，设计者可以将某一环节录制成一个教学片段。这个教学片段包含的内容也很多，例如，教师如何处理教学难点、如何突出教学重点、如何凸显教学技巧等。在片段的录制过程中，要遵循真实性的原则。

总之，在微课制作过程中，教师需要将教学的重点知识、难点知识、关键知识等融入微视频中，而且这个微视频通常是不超过10分钟的。同时，教师还要在微视频中突出教学目标。这对于教师的教学素质和专业素养有着很高的要求。因此，微课在很大程度上促进了教师教学素质和专业素养的提高。

2. 有利于提升教师的信息处理能力和水平

在微课设计与制作过程中，教师可以采用多种方式，最常用的方式有加工改造式和原创开发式。

加工改造式的对象是传统课堂，呈现方式是多媒体。换言之，就是对学校已经存在的教学视频、教学课件等进行加工、整理、编辑等，然后，融入一些其他的资源，进行提炼、压缩等处理，使之形成短视频。这就是微课的加工改造式过程。

原创开发式强调的是微课制作和设计的原创性。这种方式不仅有利于微课的原始制作，还有利于微课资源的开发。利用原创开发式制作微课视频，需要多种技术手段的支持。因此，教师应该在具体制作过程中，根据实际需要科学选择技术手段，从而保证微课的质量和效果。

如前所述，微课是一个教学载体，它承载着教学过程、教学目标、教学环节、教学内容等。因此，教师在制作微课时，不仅要考虑视频，还要考虑网络技术、学习者因素等。只有综合各种因素，才能制作出优秀的微课，也才能为学生提供高质量的学习资源。

实践证明，在微课制作过程中，不仅需要技术手段，还需要保证软件的新颖性。只有具备较高信息处理能力的教师才能满足微课的技术和软件要求。可见，微课的制作在很大程度上能够促进教师信息处理能力的提高。

（三）微课指明了教学资源建设的新方向

传统教学也十分注重教学资源建设，但传统教学在建设教学资源时更加倾向于以课时为模块。这种教学资源的开发形式需要很长的时间，且涉及范围过于广泛。同时，利用这一方式开发的教学资源没有明确的主题，无法凸显教学资源的特色。由于资源量过大，给使用者带来了很大的不便。因此，传统教学资源并没有在教学中得到广泛应用，因此，教学资源亟待改革和创新。

随着教学资源的发展，传统教学信息资源受到教育者的广泛关注。传统教学信息资源虽然比传统的教学资源有所改进，但仍然还存在着很多的问题。例如，教育者根据新课程标准，结合时代发展和学术潮流进行传统教学信息资源建设，过度强调这种"大"环境对教学资源的影响，严重忽略了教学资源的具体应用，最终导致教学资源只符合新课程标准，不适应具体的教学情境。长此以往，即使教学资源建设得再好，也无法与具体的教学应用融为一体。因此，这种教学资源建设在具体教学应用中的作用微乎其微。

教育教学资源建设旨在促进教育教学的发展，如果教育教学资源建设与教学应用相脱离，那么教育教学资源建设就毫无意义。只有将教育教学资源建设融入教育教学中，才能在一定限度上满足教育教学的需要。同时，教育教学资源也只有在教学应用中才能生成新的教育教学资源，从而促进教学目标的实现。

微课具有很强的针对性，它主要针对教学中某个知识点或某个环节，它的产生与教学中存在的问题密切相关。要想更好地使用微课，就应该注重微课的制作。微课制作包括很多方面的内容，例如，视频片段、教学目标、教学过程、教学反思、教学评价等。

传统教学模式的内容多而复杂，教学目标多而模糊，教学主题不突出。而微课教学将教学内容、教学方法、教学目标融入短视频中，使得微课的教学目标单一而明确、教学内容短小而精简。同时，微课针对教学中的某一主题或某一个环节进行制作和设计。

微课为学生提供的是一个"微"环境。这种"微"环境打破了传统教学的限制，为学生提供了随时随地学习的环境。同时，这种"微"环境丰富了传统的教育教学资源，在很大程度上提高了教学效率。

第二节　大学英语微课教学的必备条件

一、先进的教育教学理念

随着信息技术和网络技术的发展，信息技术和网络技术影响社会的各个领域。尤其是对教育领域的影响更是前所未有的。随着网络信息技术在教育领域中的广泛应用，教育信息化应运而生。教育信息化是网络信息技术发展的产物，也是现代教育技术发展的必然。教育信息化的发展对教育改革和创新具有十分重要的意义。因此，教育信息化受到教育部门的广泛关注。

微课是教育信息化发展的结果。它作为一种新的教育教学理念，在教育教学中起着不可替代的作用。随着网络信息技术的迅速发展，世界各国之间的交流与互动日益频繁。世界各地的人们打破了时间和空间的限制，可以随时随地进行交流和互动。网络信息技术在教育领域中的广泛渗透，改变了传统的教学模式，教师教学和学生学习都可以不受时间和空间的限制，学生与教师之间的交流与互动可以在线下进行，也可以通过网络信息技术在线上进行。同时，在网络信息技术的影响下，教育教学模式不断改革和创新，一些新的教学模式也逐渐应用于教育教学中，例如，翻转课堂、慕课、远程教学等。这些都为教师的教和学生的学提供了新的方式。

教育信息化使教师和学生的角色发生了很大的变化。教师不再是权威者，而是传授者、引导者、组织者、协调者、设计者、评价者、指导者；学生不再被动地接受知识，而成为教学的主体和自主学习者。同时，传统的教学模式已经不能适应教育信息化的发展，也不能满足当前学习者的学习需要。因此，探讨一种新的学习模式成为教育部门研究的重点。

移动化、碎片化的学习模式应运而生。这种学习模式在很大程度上促进了学习者的学习。"移动化"强调的是打破时间和空间的限制，可以在任意时间、任意地点进行学习；"碎片化"主要强调的是容量比较小，学习起来比较方便。这种学习方式是教育信息化发展的产物，有利于满足学生的学习需要，有利于适应当今时代的发展，有利于提高学生的自主学习能力和创新能力，有利于学生根据自己的学习情况自主建构知识。

微课具有短小精悍、目标单一、主题明确的特点。这些特点与当前提倡的移动化、碎片化学习的要求不谋而合。微课不仅容量小，所占的内存也比较少，而且能够以多种设备为载体，有利于学习者随时下载、随时存储、随时学习。

除此之外，微课中的微视频还有暂停功能、快进功能、快退功能、回放功能。这些功能的存在为学习者学习微视频带来了很大的方便。学习者可以利用微视频的这些功能，反复观看微视频，将一些重点、难点、疑问等记录下来，与同学进行交流和讨论。同时，微课的载体设备类型众多，学习者可以根据自己的情况选择合适的移动载体设备。总之，学生可以随时随地观看微视频，微课的产生使学习者真正实现了移动化、碎片化学习。

综上所述，教育信息化是信息化时代的一种必然趋势，它有利于教育教学模式的改革，有利于教育教学理念的创新，从而使教育教学模式和教育教学理念紧跟教育信息化的步伐，适应信息化时代的发展。微课是网络信息技术发展的产物。它需要先进的教育教学理念，只有这样，才能引领教育教学的发展。

二、现代信息技术的发展

众所周知，当今是信息化时代。信息技术已经广泛应用于各个领域。在此背景下，无线移动网络的覆盖率也在不断增加。无线移动网络能够为学习者的学习提供便利。近年来，随着移动手机的不断更新和换代，学习者利用移动手机进行学习成为一种必然。

　　另外，在信息技术、网络平台、大数据、云计算、应用软件等应用技术的推动下，移动终端实现了快速联网，同时，它在教学中的应用也越来越普遍，这些都为微课在教学中的应用和发展奠定了基础。

　　近年来，随着信息技术的发展，信息技术对教育教学也产生了前所未有的影响。我国很多高校也意识到信息技术在教学中的重要性，并将信息技术应用于教育教学中。同时，高校在利用信息技术辅助教学的同时，也开始重视信息技术与课程和学科整合，这是教育信息化发展的必然。

　　在当今时代，现代教育已经意识到信息化教学和人才培养模式的重要性，并利用信息化教学促进人才培养模式的改革，从而为社会输送高质量的人才。要想实现信息化教学，就应该重视信息技术与课程整合。

　　近年来，英语教师也意识到现代信息技术在大学英语教学中的重要性，并将信息技术融入大学英语教学中。信息技术与大学英语教学的有效融合，有利于提高学习者的学习效率，有利于提高大学英语教学的效果，更有利于实现大学英语教学的目标。

　　微课是教育信息化发展的必然趋势，将微课应用于大学英语教学中，必能促进大学英语教学的发展。众所周知，微视频是微课教学的重要载体，微课教学的实施和发展离不开现代信息技术的发展。因此，高校必须为大学英语微课教学提供必备的现代信息技术支持。现在高校网络教学设备日益完整，网络信息化体系也日益健全，这些都为大学英语微课教学的顺利实施和开展奠定了基础。

　　除此之外，还需要指出的是，当前大学生利用手机等移动设备进行自主学习的现象越来越普遍。因此，在教学中，教师可以鼓励和引导大学生通过移动设备观看微课视频，这样有利于促进大学英语微课教学的实施。

三、学生优秀的自学能力

　　微课要想在大学英语教学中顺利实施，还需要学生具有较高的自学能力。实践证明，我国绝大多数大学生都具有较高的自学能力，这为微课在大学英语教学中的顺利开展奠定了基础。

　　微课应用于大学英语教学，有利于激发学生学习的兴趣，有利于调动学生学习的积极性和主动性，有利于提高学生的创造能力和创新能力，更有利于提高学生的自主学习能力，是大学英语教学改革的必然结果。另外，我国绝大多数大学生都具有较高的自学能力，学生可以根据自身的学习情况和学习需要，通过微课进行自主学习，获取知识。可见，学生的自学能够在很大程度上促进微课教学的发展，而微课教学的发展与应用也能够在很大程度上提高学生的自学能力，两者之间是相互作用、相辅相成的。

第三节　微课在大学英语专业实践课中应用的原则与要求

一、微课在大学英语专业实践课教学中应用的原则

（一）微而全原则

在微课教学中，微视频无疑占据着核心地位，但这并不意味着学生通过观看微视频就能收获学习成果，其他微课教学素材也扮演着不可或缺的角色，如微教案、微练习、微反馈等，这种"微而全"的微课教学更有利于学生掌握学科知识与技能。

所谓"课"，其本意就是一个教学过程的单位，"课"的开展表现出时间限制性与组织性。一般来说，"课"所实现的教学目仅仅是总体教学目标的一部分，但这个教学目对其本身来说又是完整的。微课作为"课"的形式之一，首先要体现"课"的基本特征，其次彰显自身"微"的特色，即言简意赅、重点突出。

值得一提的是，虽然微视频是微课教学最为重要的组成部分，但不能简单地将二者等同起来。综观当前各种微课教学比赛，参赛作品直接被规定为教学微视频，那些在比赛中取得优异成绩的参赛者，大都因为教学微视频的质量较高。不可否认，高质量的教学微视频是微课教学开展的基础，但由于教学的动态性特征，仅仅有高质量的教学微视频是不够的，其无法全面满足教学活动的要求。

微课模式之所以在英语专业实践课教学中得到推广，这主要是因为，与传统的教学模式相比，其不但将静态的课本教材以一种动态的形式呈现出来，而且从学生注意力集中的时间出发，将冗长的教学过程浓缩为简短的教学微视频。所以，微课教学能够提高教学效率，改善教学成果。在应用微课开展英语专业实践课教学时，应当注意教学微视频配套资源的全面性，通过微练习、微反馈等帮助学生在观看教学视频后自主检测学习效果，并及时将学习情况向教师反馈。所以，作为教师，必须把微课设计得"微而全"。从这个角度来看，微课设计与传统课程设计存在相似性，即都需要从撰写教案开始，然后确定教学的目标、计划、重难点，而后开展教学实践，最后进行教学反馈。二者都体现了教学系统的完整性，只是微课模式将教学的重要内容以微视频的形式呈现出来。

（二）适用性原则

在开展微课教学时，教师首先要进行选题，针对恰当的内容设计微课，这样才能保证微课教学的效果。对于英语专业实践课教学而言，并非所有的内容都适合用微课模式讲授，教师要根据具体的教学内容，在分析重难点的基础上，确定

是否实施微课模式。

根据认知负荷理论，人脑有效的认知负荷仅能保持 10 分钟左右，而传统的课堂教学时间较长，学生并不能有效掌握全部的教学内容，因此，需要通过一定的方式把一堂课的总体学习目标具体化，从而增强学生的自信，提高他们对知识的掌握程度。所以，教师在设计教学微视频时，要把时间控制在 10~15 分钟，让学生在相对舒适的状态下学习知识。至于那些包含复杂概念的教学内容，显然无法通过 10~15 分钟的时间展现出来，因此，也就不适合以微课的模式进行授课。

例如，语法知识是英语教学的一部分，浅层的语法知识可以开展微课教学，而那些深层的语法知识，学生在理解时需要调动先前掌握的知识，并在教师的详细讲解下借助立体化的思维方式才能掌握，如动词的各种用法，这就涉及动词变位、被动语态、形容词词尾等一系列知识点，教师需要依据学生现有的学习水平、能力、接受程度等制订教学计划，并根据课堂教学的实际情况随时调整教学进度。微课属于一种相对程式化的教学模式，如果将复杂的语法知识生硬地设计成微课视频，很有可能对教学效果产生负面影响。

基于此，在将微课模式应用于英语专业实践课教学中时，应当选择适宜的教学内容，尤其是那些在传统教学模式下收效甚微的教学内容，可以尝试制作相应的教学微视频，以微课的模式将其攻克。

微课是对传统教学模式的优化，在充分肯定传统教学模式优势的基础上，要积极应用微课弥补传统教学模式的不足之处，增强选题的适用性，选择恰当的教学内容，让微课成为传统教学模式的最好补充。

（三）趣味性原则

兴趣是最好的老师，学生在兴趣的指引下才能更高效地学习。在微课教学中，教师要想方设法地激发学生的学习兴趣，通过生动形象的教学微视频吸引学生的注意力，让学生在精力高度集中的状态下习得英语知识。

基于微课教学模式，学生学习知识的主要来源就是教学微视频，这就要求教师花费充足的时间与精力进行微视频的制作，尤其是视频画面，一定要做到品质精良，演示效果丰富，这样才能在短短的 10 分钟左右完全激发出学生的学习兴趣，让学生保持充足的学习热情。为了达到这样的目的，教师必须从自身出发，提高信息素养，能够游刃有余地运用各种微课教学所必需的信息技术。

微课的应用为大学英语专业实践课教学注入了新的活力，原本枯燥的教学内容以微视频的形成呈现在学生面前，学生在趣味性的环境中学习英语知识与实践技能，久而久之，英语专业素养也得到了提高。

（四）互补性原则

当前，我国英语教学的主要形式仍然是课堂教学，这是由我国的国情及学生的学习特点决定的。微课作为一种新的教学模式，其对英语教学起到了辅助作用，但是也存在某些弊端，例如，学生在观看教学微视频时遇到不懂的问题，由于视频播放的程式化，其无法随时向教师提问，而这在传统教学课堂中是可以实现的。等到观看完全部的教学微视频，学生当时想要问的问题可能已经记不清楚，这无疑影响了学习效果。这说明，微课教学模式与传统教学模式各有所长，二者不能孤立存在，而是要互相补充，从而促使学生的学习效果朝着积极的方向发展。

所以，教师可以把教学微视频当作学生课前自主学习的资源，让学生提前了解本堂课的教学内容，并整理出自己不理解的知识点。在课堂教学中，学生就自己存在的问题与教师交流，向教师请教，原本课堂教授知识的时间转化为教师为学生答疑解惑的时间。微课与传统教学模式互为补充，相互结合，英语专业实践课的教学不仅令教师满意，更让学生收获满满。

（五）操练性原则

对于中国的英语学习者来说，大量的时间被应用在理论知识学习上，实践性的语言操练机会少之又少。学习英语的根本目的是应用，要想具备使用英语进行交际的能力，就必须开展大量的语言实践操练。尤其是在英语专业实践课教学中，教师更要注重为学生提供语言操练的机会，让学生在实践中提升语言能力。

教学设计影响微课教学的实际效果，因此，操练性原则在基于微课的英语专业实践课教学中的渗透，必须要体现在教学设计方面。以"英语中无前置词第五格的用法"这一知识点的教学为例，教师首先应当为学生展示一些包含无前置词第五格用法的实例，让学生进行观察，并尝试指出其具体应用，在学生大致了解以后，再举出一些隐含无前置词第五格用法的例子，让学生在认真分析的基础上向教师讲解体现在何处。然后，发挥微课与传统课堂教学相结合的优势，借助相应的教学微视频，让学生参与"你问我答"的教学活动，即由教师提问，学生使用五格形式加以回答，学生在操练性的问答中对无前置词第五格用法的理解更加深入。

（六）发展性原则

微课模式在大学英语专业实践课教学中的应用要想走向成熟，就必须不断发展，除了英语教师的精心设计以及学生的密切配合之外，学校作为英语教学的主阵地，也要大力支持微课模式，尤其是硬件方面。为此，学校要加强对现代信息技术的引入，依托各种信息化设备为英语专业实践课教学创建多元化的多媒体教室，从而保证微课教学的顺利开展。同时，学校还要从根本上对微课模式予以肯定，由于这种新型教学组织形式与传统教学组织形式存在较大区别，所以，更要鼓励英语教师勇敢尝试，鼓励学生积极参与。

综上所述，微课在英语专业实践课教学中的应用并不是一个简单的过程。微课设计要做到微而全，微课内容的选择要做到真正适合学生，微课教学环境要充满趣味性，微课模式要与传统教学模式互补，微课中要具备实践操练性的内容，同时，还要时刻关注微课在英语专业实践课教学中的发展，让学生切实体会到这种模式创造出的可观的学习成果。

二、微课在大学英语专业实践课教学中应用的要求

（一）院校方面的要求

随着信息技术在教育领域的不断渗透，微课作为一种新兴的教学模式在各大高校得到推广，就当前取得的教学成果看，微课模式有着十分广阔的发展前景。过去，微课在高校教学中的应用表现出零散化的特点，即只有少数教师在开展某些课程时应用这一模式，如今，越来越多的教师开始将微课与自己的学科教学相结合，微课教学模式也逐渐变得规模化、集成化与具体化。

为了进一步推动微课在英语专业实践课教学中的应用，院校要承担起相应的责任。首先，保证微课教学有施展的场所，也就是建设更为完善的多媒体教室，配备更为丰富的多媒体设备。其次，由于视频是微课教学的主要资源，教师需要将制作好的教学微视频上传至教学平台，学生登录账号在平台中观看，这个过程离不开网络的支持。因此，院校要着力建设校园网络，让学生无论身处图书馆还是自习室，都能随时观看教学微视频，学习其中的内容。最后，微课教学模式中，教学微视频的制作往往要耗费教师大量的时间与精力，如果教师将制作好的教学微视频上传至共享平台，此后，其他教师讲授相同内容时，就可以借用这些视频资源，这不仅有利于减轻教师的教学压力，还能够促进教师团体之间的沟通与交流。

（二）教师方面的要求

微课应用于英语专业实践课教学，关键在于教学微视频，高质量的教学微视频才能促进学科教学的发展，因此，英语教师必须提高对自己的要求，从而制作出精良的教学微视频。

首先，英语教师乐于在教学中应用微课这是十分值得肯定的，与此同时，也要意识到，长期以来，我国的大学英语教学都是在传统课堂中进行的，微课模式绝不可能取代传统的课堂教学，二者必须结合起来，各自发挥优势，共同致力于英语专业实践课教学的发展。

一部分英语教师认为，微课教学模式针对的是学生的课前预习，即学生通过观看教学微视频提前了解教学内容，并把存在的问题记录下来，之后在课堂教学中向教师请教。其实，微课模式在课堂教学和课后指导中同样适用。教师可以在课堂中直接播放教学微视频，学生在教师讲解之后，通过微视频加深对知识点的理解；课后，学生可以借助微视频复习教学内容，实现对本堂课知识的巩固。另外，英语教师要摆正心态，把微课仅仅当作教学活动的一个组成部分即可，只有将微课与其他教学环节联系起来，才能提升教学效果。

其次，微课教学模式是在教育信息化的背景下产生的，教师能熟练应用相关

信息技术成为微课教学的重要影响因素，所以，英语教师必须不断学习，提高现代信息技术的应用水平。为了弥补传统教学模式趣味性的缺失，教师要制作出有趣的教学微视频——不仅画面生动，而且配音字幕使用得当，这就要求教师具备制作教学 PPT、使用录屏软件以及配备声音与字幕的能力。其中，声音的配备要求英语教师对教学内容进行一一朗读，因为在英语专业实践课教学中，英语发音格外重要。学生在观看教学微视频时，大脑能够接收良好的语言刺激，在此基础上进行跟读，才能形成正确的发音，养成良好的语言习惯。

（三）学生方面的要求

无论传统教学模式还是微课教学模式，教学服务的对象都是学生，教学所要达成的目标也都是提高学生的学习效果，所以，任何一种教学模式都要注重学生的作用，为学生创造良好的教学环境，调动学生的学习积极性，这也是微课教学的应有之意。在基于微课的英语专业实践课教学中，学生更乐于在课前和课后观看教学微视频，这两个阶段的学习都没有教师的参与，因此，需要学生发挥主观能动性，开展自主学习。

在课前预习环节中，面对未曾学过的知识点，学生要表现出精力高度集中的学习状态，有目的地观看教学微视频。视频观看完毕后，回想自己学到了哪些知识，存在哪些不懂的问题，这些问题哪些需要与同学探讨，哪些需要向教师请教。另外，为了检测自主学习成果，学生需要完成教师设置的配套练习，这样才能明确自己的学习情况。在课后复习环节中，学生借助教学微视频查缺补漏，对于自己的薄弱之处多次观看教师的讲解，从而全面掌握课堂教学内容。除此之外，微课也可以在课堂教学环节应用，只不过，大多数学生认为，课堂要以聆听教师的讲授为主。其实，在课堂中播放教学微视频能够调动学生参与教学活动的积极性，有利于提高学习效率。

英语教学的实践性本身就很强，英语专业实践课教学更是如此，实践课开展的目的就是促使学生在扎实掌握语言知识理论的基础上，形成语言实际运用的能力。在微课教学视频的辅助下，学生可以跟读，并反复练习相关句型，正所谓熟能生巧，大量的练习必然能够帮助学生获得许多英语实践的技巧。

总之，学生必须成为一个自律的人，用良好的自主学习习惯收获更多的英语学习成果，也让微课教学体现出其存在的价值。

第四节　微课在大学英语教学中的具体应用

一、微课在大学英语词汇教学中的应用

微课运用到大学英语词汇教学中，对学生、教师及课堂教学都有着十分重

要的意义，那么，在实际的大学英语词汇教学中，教师就需要提升对微课教学的深层次认识，将微课合理应用到词汇教学中，给学生提供良好的英语学习环境。

（一）以精简的词汇教学，激发词汇学习热情

微课教学模式短小精悍，而此特点正与大学生的学习特点相符合，它能够在最短的时间内吸引学生的注意力，激发其学习兴趣，进行更为集中性的学习。在实际的大学英语词汇教学中，教师需要根据教与学的实情对教学内容进行有效精简，以此来激发其英语词汇的学习热情，提高词汇学习的效果。词汇教学中运用微课教学模式之前，教师必须要做好充分的准备，要精心挑选词汇教学内容，提升词汇教学的趣味性。教师在教学中采用精简性的词汇教学方式能使学生产生眼前一亮的感觉，学生会对词汇学习产生极大的兴趣，这能使学生在极短的时间内理解并记忆已学的词汇，构建更为完整的词汇知识体系。

（二）凸显重点，提高词汇教学效率

微课之所以成为"微"课就是因为视频较短，一般都不会超过十分钟，在精短的视频中难以容纳全部的内容。为此，教师在进行词汇教学的过程中，必须对重难点词汇进行挑选，以便凸显词汇教学的重难点，并以此为基础设计各环节的实践教学活动，提升微课词汇教学的质量。在词汇重难点的选择方面，教师通常是以频率来判断的，如在学习相关内容时，通常都会有若干英语词汇出现的频率较高，这时教师就可以针对这些词汇制作短视频，有针对性地进行讲解，这样既能缩短词汇教学时间，还能让学生用掌握的词汇技巧来进行词汇学习，必能取得事半功倍的词汇教学效果。

（三）增强学生对词汇的理解

传统的讲解、记忆词汇教学模式已经过时，它已经无法满足学生的实际词汇学习需求。而微课教学模式具有较强的灵活性、趣味性及有效性特点，教师需要加强对微课教学模式的进一步创新，以便于学生更具针对性地理解所学内容，构建完整的知识体系，吸收与消化英语词汇。大学英语教材中有大量固定搭配性的词汇实践教学内容，针对这些词汇的学习，教师制作的微视频可以从简单的记忆向词汇语句翻译过渡，并适当调整课堂问答的内容，这样学生能非常顺利地掌握及灵活应用固定搭配，提高词汇学习的效果。

（四）在微课设计过程中注重整体性

随着社会的不断发展与进步，信息技术逐渐应用于各个领域。在教学领域，微课就是它的体现之一。对于大学英语而言，微课教学是新型英语教学的模式之一。因此，在进行微课教育之前，首先，广大英语教育工作者应该在网络平台上科学地设计微课的教学内容，把大学英语教学的方方面面进行整合。教师对选择的教学内容进行优化升级，再对学生进行微课教学。这是广大英语教育工作者在进行微课教学前的必要准备。其次，教师在设计微课教学的过程中一定要注意抓住大学生的学习特点，根据学生的兴趣点及英语基础对微课教学进行设计。这样才能够引起学生的兴趣，激发学生的学习积极性，从而为微课教学打下很好的基础。最后，教师在设计微课教学时一定要从课本出发，注重以英语课本为依据。教师一定是在课本的基础上合理地进行教学，对学生进行基础教学和拔高教学。因此，教师在设计微课的过程中一定要注重教学的整体性，而不是单独教学。除此之外，教师在运用微课教学过程中一定要多利用多媒体技术，使微课与信息技术相结合，给学生带来更直观的教学感受，从而才能够提高学生的学习积极性，并提高英语词汇教学的教学质量。

（五）使用微课设立具体情景

学生英语成绩的取得需要扎实的基础，学生需要牢牢地掌握足够数量的英语词汇，而微课可以很好地帮助学生提高这种能力。英语教师在上课之前要做好充分的准备，制作微课时，要注意设计和收集一些能够与大学生的生活环境贴切尤其是其比较熟悉的真实场合，并且能够调动学生的积极性，吸引他们的注意力。教师要善于利用微课将学生脑海中的意识和认知转换到现实生活中的真实场景，不断满足学生的好奇心和喜欢探索未知世界的心理。由于有了这种前所未有的体验，学生会对学习词汇产生兴趣，学生不再局限于死记硬背，而是以一种轻松愉快的方式牢牢掌握词汇，甚至还能提高学生的英语口语能力。

（六）观看微课视频，使学生积累英语词汇

英语水平的提高，除了学生日常好好听讲之外，还需要学生主动地进行课外拓展阅读，听英国广播公司（BBC）之类的英文广播。英语作为文科类学科，总是难以避免枯燥乏味的情况，教学中只是单纯地背词汇很容易让学生感到无趣烦躁，难以继续学习。现在大学生喜欢阅读的人数较少，他们更喜欢看动画片、电影之类的视频。微课视频就可以很好地解决这一问题，它能够帮助学生提升语言素养，提高写作能力。例如，大学生都喜欢看电影和动画，就是因为动画片和电影是动态的，人物的设定和说话的语气都符合学生的心理，并且电影具有情节性，更加会抓住学生的兴趣。因此，教师就可以抓住学生这一心理，选择生动的电影片段作为微课视频进行播放。

综上所述，在互联网时代，在现代信息技术飞速发展的背景下，微课已经成为大学英语教学的模式之一。在微课教学中，微视频使得原本枯燥乏味的词汇学习变得生动有趣，学生可以在这样的学习环境下深化对英语词汇的理解，增强对英语词汇的记忆。同时，英语教师在教学微视频中展示各种词汇学习的技巧，学生在了解并掌握这些技巧之后，英语词汇学习的效率自然会得到极大提高。因此，在实际的大学英语词汇教学中，教师需要对这种方式进行深入性分析与研究，为学生后续英语学习之路的顺利推进奠定基础。

二、微课在大学英语口语教学中的应用

在大学英语口语课堂教学中应用微课，主要包括课前、课中以及课后等不同阶段的应用内容，具体如下。

（一）课前引入微课教学

课前预习阶段是微课发挥作用与价值的重要阶段。在以往的英语教学中，学生需要借助纸质材料完成课前预习任务，由于多年来英语理论学习的惯性，学生本就十分排斥口语这门课程，更不用说通过纸质材料自主完成课前预习任务。基于微课教学模式，英语教师可以事先将教学微视频发送给学生，学生跟随教学视频的节奏，完成本堂课的口语预习任务，从而为开展口语课堂教学打下基础。

为了保证微课在大学英语口语教学中的效果，教师必须制作精良的教学微视频。在教学微视频中，应当着重突出课堂教学的主题，并明确展示教学目标、教学重难点等内容，这样学生能够有的放矢地开展自主学习。同时，微课最大的特点就是短小精悍，教师一定要将视频时长控制在 10~15 分钟，从而不至于引起学生的反感。另外，微课教学视频中的英语发音要做到口齿清晰，让学生能够模仿并学习。

微课教学视频制作完成后，英语教师可以将其上传至网络教学平台，一方面，学生能够根据自己的需要随时观看教学视频，反复多次观看难以掌握的口语知识点，实在理解不了的内容则及时记录，以便在课堂教学中向教师寻求帮助；另一方面，其他教师也可以借鉴此教学视频，这种教学资源的共享无形之中缓解了英语教师的教学压力，让其有更多时间对学生开展针对性辅导。

（二）课中应用微课教学

大学英语口语教学的课时非常有限，将微课模式应用于口语教学中能够在一定限度上解决这个问题，因为在教学视频的辅助下，课堂教学时间得到了优化。在传统的口语教学中，教师需要在课堂上完成众多教学任务，时间紧、任务重就是最真实的写照。课中应用微课教学，教师只需要将时间花在为学生讲解重难点内容上即可，对于其他容易理解的知识，学生可以通过观看教学微视频掌握。另外，微课模式还使得英语口语教学的实践性大大增强，学生获得了更多的口语练习机会，日常交际、求职问答等均能在课堂中加以训练，学生的口语表达能力也随之更上一层楼。

（三）课后练习应用微课教学

大学英语口语教学质量之所以提升缓慢，原因之一就在于学生的课后巩固与复习效果不佳。过去，学生在课后复习口语知识时，既没有英语教师的指导，又缺乏有效的复习资源，微课在学生课后练习中的应用改变了这种情况，学生可以通过观看教学视频完善自己的口语知识体系，并尝试将原本"死"的知识点以

"活"的方式应用到日常交际中，这在无形中优化了学生口语学习的效果。

三、微课在大学英语写作教学中的应用

（一）情景创设教学策略

情景创设是微课在大学英语写作教学中应用的策略之一，这要求英语教师在开展微课写作教学之前，创设出生动形象的情景，并以此来设计写作教学。就目前的英语微课写作教学而言，应用得最多的情景创设形式包括图片、对话、视频，在某些情况下，教师的语言描述也可加以利用。例如，教师在讲授春节主题的写作课程时，在微课的辅助下，教师可以将一些体现春节节日氛围的歌曲设计在教学导入环节，让学生在观看教学视频时能够进入春节的情景中。而后，将红包、鞭炮、饺子等与春节息息相关的节日因素融入微课的内容中，借此让学生学习关于春节活动的短语，从而更顺利地开展春节主题的文章写作。

（二）启发式教学策略

与传统的"灌输式"教学相比，"启发式"教学更能激发学生的创造与独立思考的能力。在启发式的微课写作教学中，教师需要明确自己与学生在教学活动中扮演的不同角色，即教师为主导，学生为主体。在此基础上，教师要根据学生实际的写作情况对微课进行优化，这里主要体现在教学内容传递方式的调整——从以往的教师讲授变为教学微视频展示。启发式教学策略的具体内容如下。

第一，讨论启发教学策略。讨论启发是一种建立在师生互动基础上的微课写作教学策略，在微课教学环境中，这种师生互动是被模拟出来的，教师与学生针对某一写作话题展开激烈的讨论，学生发表的某些观点与看法可能是错误的，教师可以指出，这样也能够锻炼学生的思维，使其反应能力有所提高。例如，在基于微课的应用文写作教学中，教师可以向学生抛出"如何撰写建议信"这一问题，学生通过搜集相关资料与教师展开讨论，而教师以引导的方式告诉学生正确的写作方法，让学生在不断思考中掌握建议信的写作技巧，进而写出一篇优秀的建议信。

第二，提问启发策略。学生写作学习的兴趣是其写作质量的重要影响因素，写作兴趣高涨的学生往往写作成果也非常优异。因此，教师在了解学生真实的写作意愿之后，为了调动起意愿较低的学生的学习兴趣，可以设计一些有针对性的、能够启发写作的问题。学生为了解决问题，就要发散自己的思维，思考的过程带给学生很多乐趣，他们对英语写作的热情也得到提高。例如，在一堂指定主题的微课写作教学中，教师借助微视频向学生发出与主题相关的疑问，学生在充分思考的基础上确定写作思路，并由此收获写作成果。

第三，情感启发教学策略。丰沛的情感能够促使作家创作出更好的文学作品，同样，感情丰富的学生也具有更强烈的创作欲望。为此，在微课写作教学中，教

师要依据写作的主题搜集相关内容，激发学生的情感，让其主动开展写作。例如，在以环保为主题的写作课中，教师为学生制作出自然生态恶化的微视频，学生在观看视频后受到情感冲击，并产生强烈的写作欲望，而后积极地撰文表达自己的想法。

（三）自主学习教学策略

学生是大学英语写作教学中的主体，教师一切教学活动的开展都是为了强化学生的写作意识，培养学生的写作能力。为了凸显学生的主体地位，教师可以在写作教学中应用自主学习教学策略，即学生充分发挥学习的主体性，自主确定学习目标、选择学习方法、监控学习行为、反思学习结果并进行自我评价。在这个过程中，学生是其学习的第一责任人，教师起到的只是辅助与引导作用。在传统写作教学模式的长期影响下，学生形成了被动接受知识、机械学习知识、死记硬背知识的习惯，这对学生自主获取知识与信息、自主分析与解决问题、主动与同学展开交流与合作十分不利。在这种情况下，教师必须引导学生学会自主学习，并形成较强的自主学习能力，这也是对当前终身学习理念的响应。

自主学习教学策略的合理应用能够优化英语微课写作教学的效果，根据当前的教学实践，最为常用的自主学习教学策略包括课前写作预习策略与课后写作复习策略。在写作课开展之前，英语教师安排学生自主观看教学微视频，对新课中的写作知识加以预习，同时，将遇到的问题记录下来，以便在课堂教学中有针对性地向教师请教；在写作课结束之后，学生借助微视频回顾课堂教学内容，实现对写作知识的巩固，从而促进写作能力的提升。

（四）交互式教学策略

在大学英语写作教学中，互动是一项必不可少的教学活动，教师与学生之间的互动是促成写作知识由教师向学生传递的有效方式，而学生与学生之间的互动则可以深化学生对写作知识的理解。交互式教学就是在这种环境下产生的。在基于微课的英语写作教学中，教师将与写作相关的话题制作成微视频，并就此与学生展开互动，这样不仅能促使学生加深对该写作话题的理解，还能推动其在此基础上开展写作实践。

第七章 基于现代教育技术的大学英语慕课教学路径

慕课教学是信息时代出现的一种新的教学方式，如今各国都已经开始使用慕课教学，这也是"互联网+"教育的主要方式。对于英语教学来说，传统的教学方式已经无法满足现代教学的需要。因此，慕课就成为英语教学改革的一种新出路。本章主要从慕课角度来论述大学英语教学的有关内容。

第一节 慕课概述

一、慕课的概念

（一）慕课定义

MOOC 是一种在线课程，它具有大规模、开放性，它的音译名为"慕课"，中国学者也就将其称作"慕课"。慕课的大规模一般体现在三方面：第一，从课程内容来看，非常多且杂；第二，从服务对象来看，接受服务的学习者数量非常多；第三，从影响力来看，世界上任何一个角落里的人都可以学习该课程。

"M"就是 Massive 的首字母，该单词的意思为大量的、大规模的，这里的"大"不仅指注册课程的人数多，而且还指课程资源的丰富性，不过，这里需要指出的是，"大规模"是相对的；第一个"O"就是 Open 的首字母，该单词的意思为开放的，这里的"开放"主要包括两部分内容：第一，学习空间开放，不仅在校学生可以利用慕课课程学习，社会人员也可以利用慕课课程学习；第二，学习资源开放，所有人都可以自行下载课程资源，且课程是免费的；第二个"O"就是Online 的首字母，该单词的意思为在线的，这里的在线是说教师的教学、学生的学习、教师的监控评价等都可以在互联网上实施；"C"就是 Course 的首字母，该单词的意思为课程，课程的内涵十分丰富，不仅包括各种主题提纲、教师讲授内容视频，而且还包括学习资料、学习注意事项等。

总之，慕课就是一种十分开放、规模较大的网络课程，它与传统的远程教育存在明显的差异，更是与教学视频网络公开课的特点不同，所以，认识慕课有助于了解其本质。

（二）慕课与传统网络课堂的差异

慕课是一种十分依赖网络的课程，对于传统课程来说，它们具有以下几个方面的差异。

第一，慕课在开课之前需要进行详细的计划，确定教学目标。教师先制作一个简单的课程描述，例如，课程中的重难点、课程的进度等。学生在慕课开始之前还需要注册一个专门的账号，从而拥有自己的慕课账号，使用自己的慕课账号可以登录慕课平台进行学习。

第二，教学视频是一种专门为慕课进行制作的视频，而不是将课堂教学或者会议研讨等录制下来的视频。

第三，在一个教学模块中，将整段的教学视频分成一个个10分钟左右的小视频。这样可以将一个大的知识点分成一个个小的知识点，学生通过10分钟视频的学习能够学会一个小的知识点，这样可以保证学生在较短的时间里集中注意力，使学习效率达到最高。

第四，在慕课的教学视频中包含一些回顾性测试，这是为了使学生在学习完一个小视频的内容之后进行检测，回答正确问题才可以开始下一个视频的学习；如果不能回答正确，就要继续观看答错的知识点的视频。这样是为了使学生在学习完一个知识点时及时巩固，从而打牢基础。

第五，在慕课视频平台中，除了观看视频之外，平台中还有作业提交区和展示交流区。这样可以使学生在观看完视频之后，及时完成作业，并且遇到不懂的问题还可以互相讨论，从而解决自己在观看视频过程中遇到的问题。除此之外，慕课还有一些线下交流会的设置，一些对某个知识感兴趣的学生可以参加线下交流会来相互讨论，相互学习。

二、慕课的发展脉络

（一）慕课理念的兴起

慕课的发展时间其实并不长，但是它的孕育时间却不短，在互联网教育的发展历程中，慕课一直都紧随其行。慕课的早期孕育是在20世纪60年代，1962年，美国人道格拉斯·恩格巴特（Dr. Douglas C. Engelbart）认识到计算机技术在教育中的重要作用，便提出了一项有关计算机技术应用在教育系统中的计划。从此之后，不少人都为这一计划的实现做出了自己的贡献。

自从提出计算机可以运用到教育中去之后，很多教育家开始了这方面的研究，例如，伊万·伊里奇（Ivan Illich）就在计算机与教育的结合方面做出了很多研究。他提出将计算机技术整合进学校教育系统中，并且创造了一种新的学习方式，即"去中心的学习网络"。这种学习网络可以使很多的学生联系在一起，从而使他们的学习变得更加高效。

伊里奇认为，教育制度是保障教育良好开展的基础。第一，可以为任何人提供在任意时间进行学习的机会。第二，可以使拥有技能的人与他人分享。第三，给愿意与公众交流的人提供更多的机会。

很多的教育工作者对此表示质疑，认为这是一种乌托邦式的学习，是无法实现的；但是，也有一些人非常认同伊里奇的观点，正是在这些支持的人的帮助下，计算机与教育的结合才不断地发展下去。

（二）慕课的诞生和发展

提到慕课的诞生，2007 年是不容忽视的一年，在这一年的秋天，美国学者戴维·维利（David Wiley）开发了一门课程——"开放教育导论"，这一课程的独特之处在于其是在 Wiki 技术的基础上形成的，戴维·维利开发的这门课程是基于大量实践的，它以全世界数以万计的学习者为蓝本。值得一提的是，学习者参与这门课程并不仅仅是消费它，而是在消费的过程中也实现了对它的建构，使课程变得更加科学、合理。这门课程的性质表明，不仅教师在进行教学活动时，而且学生在进行学习活动时，都需要秉持开放的态度，此外，Wiki 技术平台也为教师与学生之间的交流奠定了基础。

同年，加拿大学者亚历克·克洛斯（Alec Couros）教授开设了一门叫"社会性媒介与开放教育"的研究生课程。与戴维·维利开发的"开放教育导论"课程一样，它也讲求开放性，以获得学分为目的的学习者可以参与该课程，其他人同样也可以参与该课程。为了使这门课程的内容更加丰富，亚历克·克洛斯邀请了全世界有名的学者参与这项课程建设。

2008 年，慕课这一概念由加拿大人戴维·柯米尔（Dave Cormier）与布莱恩·亚历山大（Bryan Alexander）正式提出。此后，相关课程的开发变得更加顺利，不少人开始积极参与课程开发。

2011 年是慕课发展取得重大突破的一年，实现这一突破的是美国斯坦福大学教授塞巴斯蒂安·史朗（Sebastian Thrun）与彼得·诺维格（Peter Norvig），他们将自己开发的研究生课程放在网上，之后全世界 190 多个国家和地区的 16 万余名学生观摩了这一课程，更重要的是，其中有 2.3 万人顺利完成了所有课程的学习。

此后，人们开始探索建立专门的慕课平台，为学习者提供专门的知识。2012 年 2 月，Udacity 慕课平台出现，由史朗建立。这一平台建立之后，Coursera、edX 等慕课平台也开始出现并成长起来。基于这些平台而开发的慕课被称作 xMOOC，其课程内容质量高，有着大量的学习群体，辐射性也比较强，因此，其发展不仅引起了教育领域内部的关注，而且还引起了科技以及商业等领域的广泛关注。慕课平台的建立使全球开放教育运动获得了新的发展，同时也表明，人类的文明传承方式以及学习方式也有了新的变化。正是由于慕课在 2012 年的大爆发，纽约时报将这一年称为"慕课元年"。

（三）慕课在中国高等教育的强势介入

与慕课在国外的发展相比，其在中国开展的时间要晚一些，大约在 2013 年，中国才开始了慕课的探索，因此，有学者将 2013 年定为中国的"慕课元年"。

中国两大著名学府清华和北大率先进行了慕课的探索。2013 年 3 月，北京大学宣布启动"北大网络开放课程"建设项目，为了让该项目得以真正落实，北京大学制订了具体的目标，争取在五年之内开设 100 门课。北京大学兼收并蓄，还通过与国外平台合作保证了自己平台的科学性，它分别在同年 5 月、9 月与美国 edX、Coursera 签署了合作协议，正是在这些平台的帮助下，北京大学构建的慕课平台更加具有多样性特征。在做好了准备工作之后，2013 年 10 月，北京大学首先上线了 11 门课程，课程一经推出就获得了追捧，世界上超过 100 多个国家和地区的人选择学习这些课程。直到现在，北京大学的慕课平台的课程已经非常丰富，课程内容涉及文化、艺术、化学等不同领域，影响范围也非常广阔，几乎世界上所有国家的人都可以从该平台上获取资源。

2013 年 10 月 10 日，清华大学的慕课平台——学堂在线正式启动，这一平台着眼的服务对象是全球学习者，也就是说，它可以为世界上的所有人提供在线课程。不过，需要说明的是，学堂在线并不是由清华大学一所学校参与构建的，北京大学、南京大学等高校也在平台建设过程中贡献了自己的一份力量。学堂在线这一平台除了保留慕课平台的一些基本功能之外，还针对中国学生的学习情况进行了本土化处理，例如，引进了许多 edX 上的热门课程，为了方便中国学生学习，平台还为这些课程配上了中文字幕，且学生直接进行关键字检索就能找到自己需要的视频。

三、慕课的特征与分类

（一）慕课的特征

随着慕课的日渐成熟与社会影响的逐步增大，它的特征也日益明显。

1. 大规模

大规模不仅指的是学习者的数量，也指的是课程资源的丰富程度。由于信息技术的发展，慕课学习的学生越来越多，每个慕课学习平台上每天进行学习的学生成千上万。从形式上看，它的课堂规模大，上课地点不固定，可以随着每个学习者而转移变换；它的时间也不受限制，可以是任何时间。所以，它的时空呈现出前所未有的广泛性。另外，从内容上看，它的参与者、受众范围也十分庞大。

第一，课堂人数数量大。由于慕课采用在线学习的方式进行教学和学习，打破了传统课堂教学地域空间和时间的限制，可以实施全天候跨地域学习，可以把碎片化时空转变为课堂进行教学，这就使得每门课程可以容纳大量的学习群体，再加上网络技术和大数据技术使信息处理实现了质的飞跃。所以，课堂规模是传统教学无法想象的。

第二，受教育群体范围广泛。慕课的初创理念就是让世界上最优质的教育资源传播到世界上最偏远的角落。全世界的人无论出身、种族、年龄、性别、职业等都可以注册学习。这种开放性教学模式打破了高校对课程教学的垄断，也使得参与群体得到质的飞跃，这也是慕课同传统课程以及远程教育的最大区别。由于慕课推行的免费教育理念和参与门槛比较低（大多只需要注册），非高校的学生甚至不同职业和年龄阶段的人群都可以进行在线学习，所以，慕课参与面十分广泛。

因此，慕课可以说是一种巨型的课程。

2. 开放性

慕课的开放性主要体现在慕课平台建设的开放性、课程学习的开放性和学习资源的开放性等方面。慕课的大规模性依赖于慕课平台的建构，慕课刚诞生时，还没有慕课平台，开放性也受到限制，但是随着慕课平台的建立、免费和资源共享理念的建构，慕课的开放性特性得到空前发展。

慕课的出现打破了高校对课程和学习资源的垄断状态，使所有的课程和学习资料变成开放共享状态。第一，课程注册开放：全世界的任何人都可以利用该平台注册学习，无出身、种族、年龄、性别、职业等区别。第二，课程内容开放：只要注册了，就可以选择学习每个平台上的任何内容，并且不再有其他任何限制条件。第三，学习时间开放：学习者可以根据自己的时间安排，什么时候有时间就什么时候学，不再局限于校园内的上课时间，也不再局限于学龄阶段。第四，学习地点开放：学习者不管身处何方，只要有上网终端，就能实现在线学习，而不必局限于传统的大学校园和教室。第五，学习评价开放：一般采取智能评价系统或者学习者互评的评价方式考核学生的成绩。

3. 非结构性

近几年，慕课研究成为学界研究的特点，基于此，不少高校也开始行动，纷纷引入慕课平台，对慕课进行有效推广，这为学生的学习提供了更加便捷的渠道。需要指出的是，基于网络技术而形成的慕课与传统教学之间其实有着密切的联系，慕课给学习者提供的是一种适合碎片化学习的环境，这种碎片化的知识就凸显了慕课的非结构性特点，学习者可以自由地选择自己想要学习的内容，而对于传统教学来说，其着重点是通过科学、系统的教学设计完成对人才的专业化培养，重视学习者知识体系的建构。慕课融入传统教学，对二者来说都是大有益处的，对于传统教学来说，这有利于丰富传统教学的手段；而对于慕课来说，这有利于进一步推动慕课的实施与研究。

4. 自主性

慕课的教学方式完全颠覆了以往传统的教学模式。在慕课教育中，突出了学生的中心地位，学生在课堂上不再是消极的、被动的，而是积极的、主动的，教师在其中只是适当地发挥指导作用，引导学生整理知识信息，完善知识系统。

慕课可以帮助学生自主选择学习资源，因此，有利于学生自主学习能力的提升，同时，学生这一能力的提升也可以使其更加自觉地学习，也能完成知识的内化。在慕课教育平台上，一方面，学生通过课前预习完成对自主学习的自我测评，从而在课堂上更有针对性地学习；另一方面，还可以与同学互相讨论，充分发挥学习的自主性，完全把握自己的学习进度与学习状态。

（二）慕课的分类

1. cMOOC

cMOOC 是一种在建构主义支持下形成的教学模式，这种教学模式改变了以往学生被动接受知识的局面。人们都生存在客观世界中，不同的人对世界的认知不同。有的人对客观世界的认知产生了偏差，就需要接受正规的系统教育来正确认识世界。对于学生来说，应该主动地构建知识，教师也应该从以往对学生的知识灌输变成知识的引导者和发起者。学生在学习中养成自觉学习的好习惯，才能为自己的全面发展找到合适的道路。cMOOC 教学主要是为了培养在信息技术支持下的网络知识人才，通过 cMOOC 进行学习的人可以形成对数字信息的敏感性，并且在学习中主动建构自己的知识体系，乐于创新知识。在 cMOOC 教学模式中，学生可以形成良好的信息组织能力，但并不是每一个学生都可以形成这样的能力。因此，学生在 cMOOC 教学中集中注意力，沉下心去学习是十分必要的。

2. xMOOC

在 xMOOC 教学中，教师将自己的教学计划发布到平台，学生可以根据自己的兴趣选择自己喜欢的一门课程。选课之后，在 xMOOC 教学平台上有课程开展的时间和进度。学生可以根据教学计划来安排自己的学习时间。教师在制订好教学计划之后，会提前将课程的视频上传到教学平台。xMOOC 教学视频是教师特意准备的，并不是将一些录制好的课程拿过来直接用。xMOOC 视频是由一个个小的视频组成的，慕课视频的时长都控制在 10 分钟以内。在学生完成一个 xMOOC 视频学习之后，在视频的结尾有教师设置的问题，只有答对了这些问题，学生才可以开始下一个视频的学习，否则只能重新学习。完成一个知识的学习之后，教师会布置相关的作业，学生需要在规定的时间内完成作业，否则，系统就会自动判定为零分。

作业提交之后由学生进行互评。在学生互评之后，教师再进行审核，然后确定最后的分数。在结束一个课程的学习之后，接下来就是期末考试，学生在 xMOOC 平台上学习，接受网络考试。但是，这种考试方式存在作弊的问题。为了减少学生作弊的情况，学校可以实行线上学习、线下考试的方式，使学生在考试时作弊的情况极大降低。

第二节　慕课对大学英语教学的积极影响

一、创造语言使用环境

对于我国的学生来说，英语是一种外语。由于我国没有英语环境，因此，学生在学习英语时经常面对理论知识无法实践应用的情况，这对学生学习英语产生了一定的不利影响。慕课的出现解决了这种问题，慕课可以为学生创设良好的语言环境，使学生接触地道的英语，并且慕课还搭建了国际交流的平台，学生可以在慕课平台中与世界各地的英语母语者进行交流，从而提高学生的英语表达能力。

二、提供能力培养平台

慕课资源是教师开展慕课教学的基础，它可以将线下和线上的资源进行整合，从而发挥出更大的作用。如今，在很多学校中使用一些开发好的慕课平台，这些学习平台中包含很多学习资源，可以为慕课教学提供很多服务。随着科技的发展，教学平台的建设也逐渐完善起来。由于英语的学习大部分只停留在基础英语阶段，很多学生学习英语没有与自己的专业联系起来，因此，在学习中忽视了专业英语的学习。在慕课平台上，有很多与专业有关的英语知识，学生可以结合自己的专业学习相关英语。因此，慕课为专业能力的培养提供了平台。

三、改进英语教学模式

大学英语教学中应用慕课主要是为了改革英语教学的模式。对于大学英语教学来说，传统的教学模式已经无法满足教学和学习的需求。慕课作为一种现代信息技术支撑下的新型教学模式，可以对大学英语教学模式进行创新，对大学英语教学内容进行创新，教学内容以视频的方式呈现。在学习慕课视频内容时，学生必须集中自己的注意力，在结束视频之后进行自我测试，通过了慕课的测试才能进行下一个阶段的学习。例如，在大学英语的精读课视频中，教师首先对教学的重难点进行梳理，从而使学生在视频开头就能明白学习要点，在精读视频课程学习之后，学生需要通过一些问题的测试之后才能开始下一个精读视频的学习。教师主要以课文为视频材料，制作成视频以供学生观看。

对于教师设置的问题，学生如果不能想到答案，可以通过慕课平台的交流窗口提出疑问，从而引发学生深入思考问题。教师和学生之间就疑问进行交流，可以引发学生的求知欲和好奇心，从而使学生在接下来的英语学习中保持高度热情。

四、丰富英语教学内容

众所周知，由于有信息技术做支撑，慕课的教学资源特别丰富，因此，它可以满足不同学习个体对知识的个性化需求。在慕课平台上，学习者可以为自己创设一套独一无二的课程模式，可以选择自己感兴趣的课程，也可以根据自身的学习能力或职业规划进行具体的课程选择。学习者的自主性增强了，其可以自由掌控学习内容与学习进度，这在最大限度上满足了学习者的个性化需求。

除此之外，学习者还可以借助慕课平台向教师寻求指导，教师要有耐心地对学生的问题给予解答，同时，当发现学生的学习不在状态时，需要及时提醒学生。因为每个学生的学习情况不同，个体差异非常明显，教师在教学过程中要尽量做到因材施教，从而提高学生的学习效果。

五、促进英语教学手段多元化

在大学英语教学模式中，不同的教学模式对于教学产生的效果是不一样的。传统的教学模式为大学英语教学带来一些不利影响，这种教学模式将教师放在主导地位，学生只是被动地接受知识。为了改变这种教学模式，慕课是一种非常好的方式。慕课本身具有较大的互动性和开放性，这种特性可以使学生和教师之间的交流变得更加方便，是对传统英语教学模式相对闭塞的改变。在这种新的教学模式的指导下，学生的主体地位大幅提升，教师在教学中的角色得到极大的改变，成为学生的指导者和教学的设计者，学生自身成为学习的主人。在学习过程中，学生观看慕课视频，事先对所学的知识进行预习，这就使学生的学习没有了课堂的限制，从而充分利用碎片化的时间进行学习，这种慕课的学习方式打破了传统教学模式对时间和空间的限制。

六、让英语学习成为乐趣

传统英语课堂一直都是以教师为主导的，教师向学生传递统一的内容，同时，课程进度也比较统一，并不会考虑学生个人的实际需求，这让学生逐渐对英语学习丧失了兴趣。"慕课"彻底打破了传统英语课堂的局限性，它可以运用声音、图像等将英语知识呈现出来，这让学生可以了解到更加直观的知识，从而有利于其学习。以往大学生无法自主选择学习的知识，教师是知识的传授者，学生是知识的接受者，教师主导学生的学习进度，而慕课则给予学生较大的自主权。在慕课模式下，学生的潜能被激发，思维更加活跃，学习英语也成为一种发自内心的自觉行为。而当英语学习是出自学生的兴趣时，其才能真正投入英语学习中，享受学习，并最终获得扎实的知识与较高的技能。

七、扩大学生的英语知识储备

我国主要通过课堂学习的方式来帮助学生学习英语。在大学英语课程中，英语课程的课上时间比较少，因此，学生学习英语能够利用的课堂时间是有限的。但是，慕课的出现解决了这种问题，慕课在教学中主要使用网络平台，这种教学模式可以使学生随时随地学习，极大地扩展了学生学习英语的范围，对丰富学生的英语知识十分有利。

八、平衡不同学生的英语水平

学生的英语水平参差不齐。对于来自不同地区的学生来说，学生的学习能力和基础也存在差异。在我国，大学英语课程通常是大班授课，教师只能兼顾大部分的学生，对于小部分无法跟上课程进度的学生无暇顾及，这就造成了一些学生的英语进步十分缓慢。在如今的慕课教学模式下，可以改变这种现状。学生通过视频进行英语学习，如果学习没有跟上进度，可以反复观看，直到学习好相关的英语知识。慕课这种具有开放性的学习平台，不仅减轻了教师的负担，而且使学生学习英语有了更大的自由度，学生可以反复观看英语学习视频，不断巩固自己的英语知识，提升自己的英语水平。

第三节　基于慕课的大学英语教学的运行机制

一、搭建联盟平台，打造特色课程

慕课给当前的大学教学带来了新的机遇和挑战。当前，我国也有很多的高校开设了自己的慕课平台，有些课程也获得了很高的点击量。在信息技术深入发展的当下，更多的高校也应该积极投身慕课平台的建设。高校之间应该秉承团结合作的原则，以不同的学校类型或者不同的区域等作为划分，共同构建慕课联盟平台，研发精品课程，从而让学生可以接受本校之外的优质教学资源，缩小不同地区之间的教育差距，真正实现教育的流通与共享。

对于那些在慕课平台下积极学习并按时完成课程的学生，学校可以给出学分证明或者其他类似方式的证明材料，并且逐步推进校际之间学分互认体系的实现。在当前，上海交通大学自主形成了"好大学在线"慕课平台，这可以看作在慕课兴起之初的一个比较成功的典范。

慕课具有开放性，这是由于慕课课程具有共享性，这也是很多高校积极搭建慕课平台的初衷。随着时间的推移，出现越来越多的慕课平台。如果某所高校的慕课资源水平一般，并且也没有足够的特色，那么，就会被瞬间淹没；相反，那些优质的教学资源必将会得到越来越多人的关注。

高校在组建慕课平台的同时，就应该凸显出自己的核心专业以及特色课程的建设，集中优秀教师力量进行课程的开发与录制，争取创建出一大批优秀的课程，并且积极传播这些优秀的教学资源。

高校在打造慕课课程的过程中其自身肯定会获得一定的提高，并且这些课件通过在慕课平台的共享，也会逐步吸引更多人的关注，这显然能为学校树立更好的形象，同时，也能让高校在教育领域获得一席之地。

二、实施开放式课堂英语教学

与传统的教学模式不同，开放式课堂教学的学分管理制度更为多样，不仅包含学分互认，还能做到线上线下教学的融合，这些都是在慕课冲击下，传统课堂做出的变革，显然，这也给我们提供了教育教学的新方法。

对于英语教学来说，也可以实施开放式的教学模式，将线上与线下教学相结合，让传统的课堂获得新的意义，从而实现新式教学与传统教学的互补，提高教学效率。

（一）开放式课堂教学概述

表1从六个方面出发将翻转课堂、开放式课堂与传统课堂教学进行对比，可以清晰地看出，开放式课堂是在现有的高校教育体制下，将慕课平台与课堂教学进行融合，让学生在原有知识结构的基础上实现了学习方式的创新。学生可以在慕课平台上选择合适的学习资源进行自学，巩固好理论知识之后完成后续的检测，同时，学生可以随时与同伴开展在线交流，并向教师反馈自己的学习状况，在教师的辅助以及引导下，学生就可以完成知识的内化。

表1 传统课堂教学、翻转课堂教学、开放式课堂教学的对比

比较对象	传统课堂	翻转课堂	开放式课堂
教师	权威，知识灌输者	资源提供者，组织者	引导者，合作者
学生	被动接受者	自主学习者	资源自主选择与学习者
教学媒介	黑板，纸质教材	多媒体资源、黑板、网络、纸质教材	慕课平台、黑板、网络、纸质教材
教学方法	讲授为主	讲授、讨论等结合	讲授、讨论等结合
教学流程	课前预习、课堂讲解、课后巩固	课前自学，课堂答疑	线上自学，课堂内化
教学评价	纸质考试	纸质考试	在线+纸质考试

在慕课视角下，开放式课堂显然能激发学生学习的主动性，因为在慕课平台上有海量的优秀视频资源可以供他们选择、学习，并且也能培养他们的思辨能力、创新精神。

我们可以把传统的课堂看作"线下"教学，将基于慕课平台开展的教学看作"线上"教学，这二者共同构成了开放式课堂，从本质上来说，开放式课堂就是传统教学与慕课平台的有机结合。

1. 线上

在慕课平台上，学生可以自主选择课程进行自学，他们的学习过程可以简单概括为四部分：观看视频、完成练习、在线交流、信息反馈。

"慕课平台"的意义可以得到延展，不仅涵盖传统意义上的三大慕课平台，还包括各高校自主搭建的慕课平台，比如"好大学在线"等，后来研发的各类网络资源学习平台也扩充了慕课平台的范围。

学生应该认真对待慕课平台的学习，不应将其仅看作"预习"环节，这与翻转课堂课前观看视频是截然不同的，在慕课平台上，学生应该集中精力将涉及的知识点进行全部内化。

2. 线下

在线下，学生是带着"准备"去上课的，教师也是带着"准备"去授课的，这种目的明确的教学显然能达到很好的教学效果。

学生的"准备"涵盖两方面的内容：一是学生对课堂要点已经进行了深入学习，是带着对知识的理解来上课的；二是在学习的过程中，学生有了一些收获，同时也会有一些疑惑，这些成果与疑惑都是"准备"的内容。

对于课堂教学来说，教师的"准备"就显得更加重要，在课前，教师需要收集学生在慕课平台上遇到的问题，并且提前做好知识点的整合等工作。在授课的时候，教师需要将这些疑难点进行合理安排，并设计丰富多彩的课堂活动让学生讨论这些话题，这样就可为学生构建出高效的讨论氛围，教师就能真正发挥出课堂引导者的作用，当学生需要帮助的时候，就可以给他们提供合适的帮助。

此时，应该打破传统课堂的布置模式，而采用一些新颖的布置格局，如圆桌式等，这样利于教师照顾到所有学生，并能及时解答学生的提问，同时，这也可以创造出一种更为轻松愉悦的氛围，从而给课堂增色。

（二）开放式课堂教学的优势

1. 利于实现学习过程的循环

在心理学家看来，知识的学习是通过三个过程实现的：学生要想习得一种知识，首先需要对知识进行领会，其次需要巩固知识，最后需要将知识灵活运用到实践中。由此看来，传统的教学模式似乎存在某种不合理性，并且容易浪费教师以及学生的时间，学生如果在课后写作业的时候遇到一些疑难点，就会措手不及。

在开放式教学模式下，教学的场所更为多元化，学习过程与以往相比也有很大的变化，一些理论知识可以放到课后让学生自己去消化，在课堂上，师生能有更多的时间坐在一起进行知识的探究，遇到问题，及时解决。

2. 营造了更和谐的师生关系

学生在线上进行学习时，如果遇到不懂的问题可以在讨论区与同伴或者其他人相互讨论，这样就利于解决疑难问题。同时，由于慕课资源是比较开放的，许多学习者都可以将自己的学习经验告诉老师，这样可以启发老师进行课程教学的优化，从而利于慕课平台的发展。所以，学习者完全可以在交流区畅所欲言，从而让老师更好地了解学生们学习的现状。

学生在线下学习时，教师就可以将所学的知识进行搜集整理，并且提前构建课堂情境，尽量为学生提供一种比较舒适的交流氛围，让不同学生的思维得到碰撞。

相较于传统的课堂，学生有了更多的机会与老师进行交流，因为在传统的课堂模式下，一旦下课学生就很难再见到老师，甚至一个学期下来，师生并没有几次交流的机会。在开放式课堂下，教师以及学生有了更多平等交流的机会，所以，师生关系更加和谐。

三、建立多元化评价标准体系

大学的课堂教学也需要有合适的教学方法与之相匹配，通过对教学质量进行评价，可以促进教学向着更为高效的方向发展。与传统的课堂相比，开放课堂有了更为多样化的选择，所以，在进行评价的时候也应该选择多样化的评价体系。

（一）对教师"教"的评价

与传统课堂相比，开放式课堂教学的评价主体更加多元化，因为课程是开放的，所以，只要是学习课程的人都可以对课程进行评价。

第一，可以从注册人数上看到学生对课程的认可程度，如果注册的人数很多，那么显然有更多的人喜欢这个课程；第二，学习者应该按照教学的进度在一定的时间段内完成调查问卷，这样就可以反映教师的教学状况；第三，慕课拥有讨论区，这样教师也可以从讨论区中看到学习者的评论。

（二）对学生"学"的评价

在传统的课堂教学中，纸笔考试是评价学生最为合理有效的方法，多样化课堂教学的开展也为评价提供了更多可能，这显然利于形成性评价的开展。通过分析国内的慕课平台，对学生的考核主要是通过线上与线下两方面实现的。在线上，通过测评其客观题的答题情况查看学生知识的掌握情况；在线下，通过安排统一考试的方式，以教师评价以及学生自评的方式开展。对于不同部分评价在总评价中所占的比例，可以由教师自主决定。

四、建立三元策应机制

（一）学校层面

1. 制订慕课联盟平台建立制度

慕课联盟平台是一个大型的平台，它的建立和运用需要多所不同高校之间加强合作才能实现。这个平台的建立能够使多所高校都受益。对于高校而言，一定要采取必要的措施来管理和规范慕课联盟平台，从而协调解决一些常见的问题，从宏观层面监督慕课联盟平台的运行。

2. 制订学分互认互换细则

众所周知，慕课是一种开放式的课堂形式，因而其可以在一定程度上实现学分的互认互换，这就需要学校层面的有关部门根据实际情况制订详细的操作细则，从而确定具体的学分互认互换策略。

3. 关注传达动态信息，统筹管理

在高校的教学中，慕课是为学生提供了一种开放式的学习课堂，这种教学模式对我国传统的教学模式产生了一定的冲击，也促使高校的教师要开始转变自己的教学方式，改变自己的思想，从而拓宽自己的教学思路。很明显，从学校的层面进行分析，慕课联盟平台的构建与运行以及慕课的实施都离不开高校管理层的支持和管理，因而各所高校的管理层相关人员都需要时时关注学校的动态信息，从而根据大环境的变化做出调整，并积极应对问题。例如，学校的相关管理人员应该经常上网关注国内以及国外的慕课平台的详细情况，更应该加大对本校慕课联盟平台建设的关注力度，并积极听取不同领域的专家、学者以及学生对该平台建设提出的有价值的建议等，从而使高校的慕课发展更加顺畅。

（二）教师层面

1. 积极转变教育观念

慕课是一种十分先进的教学理念和教学模式，慕课也给中国的传统教育模式带来了很大的影响，因而从教师的层面进行分析，教师也要做出相应的调整和改变。教师首先需要做的就是更新自己的教育理念，即教师在教学中要转变自身的角色，要用科学、客观的态度来对待慕课，而不能对慕课持有消极甚至抵抗的情绪，这样不仅会对教师产生负面的影响，其也会对学生产生消极的影响。总而言之，高校的英语教师要端正对于慕课的态度，要抛弃陈旧的教学理念，加强自身的学习，确定正确的教育理念。

2. 掌握信息技术手段

目前，很多高校都尝试把先进的现代教育技术引入高校的英语教学中，这就对高校的英语教师提出了较高的要求，它要求高校的英语教师一定要学习和掌握一定的信息技术手段，这样才能够在教学实践中得心应手地运用这些教育技术。慕课就是一种先进的现代教育技术，它的本质就是一种大规模开放性的课程，它的运用离不开计算机，因而高校的教师一定要学习和掌握计算机的基本操作，掌握一定的信息技术理论和实践知识，从而更好地指导学生的英语学习活动。在现代社会中，教育信息化给很多高校都带来了较大的影响，很多高校的教师都把多媒体设备和教育技术引入教学中，他们已经在课堂中较少使用黑板等传统媒体开展教学，由此可见，英语教师学习和掌握信息技术的重要性。此外，在教学中，很多高校都会根据实际情况要求教师参与慕课的建设和制作，这也是对教师应用信息技术的一种挑战，需要教师调整心态、积极配合完成。

3. 提升教育教学能力

虽然慕课是一种开放式的课堂，然而，教师在慕课教学中依然发挥着重要的作用。需要强调的是，在慕课教学中，教师对学生的学习起到引导和帮助的作用，这就更需要教师不断提升自我，不断提升自身的教育教学能力，这样教师才能够在慕课的教学中游刃有余地指导学生开展自主学习，为学生提供更加优质的慕课资源，并教会学生利用慕课开展自主性学习。

4. 准确定位自身角色

具体分析而言，在慕课这种开放式的教学中，教师一定要明确自身的角色定位，这样才能更好地指导学生的学习，即教师是一种引导者和合作者的角色。对于高校的教师而言，他们不仅在教学的过程中运用慕课，也很有可能会参与学校的慕课制作中，因而教师的角色会是合作者。在我国传统的英语教学课堂中，虽然教师具有权威性，但是教师的工作比较单调，只是在单调地讲解教材中的知识点。然而，在慕课教学中，教师的地位提升了，教师的工作也变得更加多样化。其表现在：第一，学生自主地利用慕课开展学习活动需要教师的及时指导，教师需要教会每个学生学习的方法；第二，教师需要根据学生的自主学习反馈情况进行总结，并根据学生的学习情况创设一定的学习情境和探究性活动等；第三，不同的学生学习水平有差异，教师要给予这些学生不同的指导；第四，当学生已经学习完相关的慕课课程之后，教师需要对各项知识点统一进行梳理并使学生在头脑中形成知识体系。由此可见，在英语的慕课教学中，教师发挥着不可替代的作用。教师是课堂的主导，学生是学习的主体。

（三）学生层面

1. 提高资源选择的能力

对于高校的学生而言，通过学习这种开放式的慕课课程不仅能够学习很优质的课程资源，还能够通过慕课学习掌握一定的自主学习能力，这种能力对学生将会产生深远的积极影响。从理论的视角进行探讨，慕课能够为学生的学习提供多样化的优质学习资源，这样学生就具有了比较大的选择空间。学生在选择教学资源的过程中需要教师的耐心指导，这个过程也能够逐渐提升学生的资源选择能力，这对于学生将来的工作也是十分有利的。在信息技术时代，每个学生在日常生活中都会接触到网络，接触到大量的信息资源，如何在大量碎片化的信息资源中找到对自己有用、有价值的资源是一项技能，它考验学生的信息分析能力、专业能力以及判断能力等综合能力。

2. 领会自主学习方法

在我国传统的英语教学模式中，教师在课堂中具有权威性的地位，教师通常是采用填鸭式的教学方法向学生灌输教学的内容，大多数学生在课堂中都是机械化地跟着教师学习，他们在课堂中很少动脑筋思考，也不会甚至不敢质疑教师的讲授，因而这种模式培养出来的学生缺乏自主学习的能力，也没有掌握一定的自主学习方法。然而在开放式的慕课教学中，学生需要根据自己的学习需求选择适合自己的学习内容和方法等，这样学生就需要主动思考，主动做出各种选择，最后自主开展学习，这整个过程能够大幅提升学生的自主学习能力。

3. 把握慕课课堂与传统课堂的关系

目前，慕课教育对我国的高校改革产生了比较深远的积极影响，慕课已经被广泛应用到我国很多学习领域，英语教学也不例外。然而对于高校的教师和学生而言，他们在运用慕课开展英语教学的过程中还需要适当地处理好慕课课堂与传统课堂教学的关系，即二者并不是一种完全对立的关系。由于各种实际因素的限制，慕课的应用范围会受到一些限制，因而在高校的英语教学中，传统的课堂教学还占据着重要的地位。慕课课堂和传统的英语课堂之间的关系就是一种互相补充的关系。教师在英语教学实践中一定要处理好二者之间的关系，这样教师才能够利用慕课课堂提升学生的英语学习效率，并激发学生的英语学习兴趣。

第四节　慕课在大学英语教学中的具体应用

一、慕课在大学英语听说教学中的应用

（一）构建专业精湛、技术过硬的教师团队

将慕课应用于高校的英语听说教学中是一种创新，这种混合式的教学模式能够为英语听说教学带来全新的活力，然而这种混合式的教学模式也为高校教师提出了更高的要求，即高校必须要构建一支具有较强专业能力和信息技术能力的教

师团队来开发和维护慕课平台的运行和安全等，从而保障英语慕课的顺利开展。此外，这支教学团队一定要更新教学理念，在教学中始终做到以学生为中心，从根本上提升学生的英语听力水平和口语水平。

（二）打造强大的慕课平台，丰富线上教学元素

众所周知，慕课是一种开放式的课堂，它的制作以及运用都离不开网络这个平台，因而对于高校而言，需要不断更新和维护自己学校的网络平台，在固定的时间对学校的网络平台进行维护，从而使网络的运行更加顺畅，也能够使学生获得比较良好的英语慕课体验，这能够吸引学生的目光，加大学生的英语学习乐趣。此外，各高校还应该大力提升学校的信息技术，最好使校园的每个角落都覆盖无线网，以便于学生利用碎片化的时间学习英语知识。

在大学英语教学中，英语教师需要录制一定的英语听说慕课视频，通常这些慕课都比较短，一般在 10 分钟之内，这就要求教师一定要保证慕课视频的质量。从英语听力的内容角度进行分析，教师可以选择高校英语听力的技巧以及大学英语四级、六级考试的听力技巧等内容，教师还需要在慕课视频中设定相应的练习题目供学生参考使用；从英语口语的内容角度进行分析，教师可以选择高校的语音知识、西方文化、中西文化差异以及口语的常用句型等内容，同时，教师也要设定相应的练习题供学生参考使用。除此之外，教师还需要在网络上注册互动论坛，方便教师和学生的沟通与交流，提升学生的自主学习信心。学生可在论坛上提出任何与听说学习相关的问题，并由教师进行解答，其他学生也可跟帖交流；还可在论坛上上传学习成果或心得，共同分享、相互切磋、携手进步。

（三）推动传统课堂改革、完善线下教学

如果只是单纯地进行理论学习，学生是不可能真正形成听说习得的。对于听说习得来说，进行面对面地语言输出、交流与反馈是至关重要的。所以，虽然慕课具有非常多的优势，但是，这种教学模式也只能作为听说课堂的一种重要补充，是无法替代英语听说教学中的课堂教学的。混合式教学模式使各种关于听说的理论知识实现了网络在线讲解，这样一来，学生就能够在课下利用碎片化的时间自主地掌握理论知识，从而极大地突破了传统课堂在时间与空间方面的限制，将传统的理论灌输的教学模式转变为任务驱动型教学模式，也实现了教学目标由理解、记忆知识向应用理论与提升技能转变。基于这一点，高校应当积极对传统的听说课堂教学进行变革，将混合式教学模式有机地融入听说教学之中，实现传统课堂与在线网络教学的有机融合，不断满足学生的多元化需求，进而促进英语教学水平的提升。

在课前的慕课中，学生可能或多或少地会遇到一些问题，在线下课堂中，教师可以针对学生所遇到的问题进行深入分析，帮助学生解决问题。需要注意的是，在教学内容方面，应当将重点放在知识的运用以及听说技能的训练上。在听力方

面，针对线上学习中存在的比较普遍的问题进行集中练习，有效缩短听力练习的时间；在口语方面，注意多种方法的灵活运用，如对话、演讲、展示等。在对课堂任务进行设计时，要最大限度地对现实的生活情境进行模拟，并积极引导学生根据要求进行针对性训练。这样一来，不仅能够营造良好的学习氛围，而且能够有效地激发学生的自主性与积极性，促进学生英语能力的提升。

（四）重建课程评价考核机制

在英语教学中，评价考核是非常重要的一环。通过评价考核，教师能够对学生的知识掌握情况形成系统的了解，学生也能够发现自身存在的不足。在传统的大学英语听说教学中，在对学生进行评价考核时，教师往往依据的是学生的课堂表现情况、任务完成情况以及期末考试的成绩，这种考核评价形式比较单一，很难对学生形成全面、客观的评价，对于学生学习能力的提升也是不利的。在混合式教学模式下，学生的学习、互动与考试有机地融合为一体，使评价考核的形式更加多样化，能够全面地展现学生的学习情况。因此，教师应当对英语听说教学的课程评价考核机制进行重建，将学生的课堂表现、作业情况、期末成绩与线上学习的各种表现结合起来进行评价，与此同时，还要将教师评价与学生互评及学生自评相结合，从而得出最终的评价考核结果。这种评价考核形式具有非常明显的优势，主要体现在重视评价对象的素质发展、强调评价主体的多元化、尊重学生的个体差异。总而言之，这种评价考核方式不仅使教师的主导作用得到了有效的发挥，而且充分发挥了学生的主体作用，有助于激发学生的积极性与主动性，促进学生听说技能的提升。

（五）培养学生自主学习能力

虽然慕课作为一种新兴的教学形式，具有非常明显的优势，但是，需要注意的是，慕课毕竟需要通过网络来开展学习，因此，很容易使学生在使用网络的过程中受到诸多不良因素的干扰，进而对学生的线上学习造成不良的影响。因此，运用慕课开展教学活动时，应当重视教师的引导、启发与监督，及时对学生的不良学习行为进行纠正，以保障教学活动的顺利进行。

在对我国的英语教学环境进行深入分析的基础上，李瑞等学者针对学生自主学习能力的培养，提出了以下几方面的内容。其一，在学生开展自主学习之前，教师应当采用各种方式系统掌握学生的现有学习水平，并指导学生制订适合自己的学习目标。在每次慕课开始之前，教师要制订好导学提纲，使学生对每次课程的学习目标与任务产生明确的认识，积极运用在线分享、在线答疑等方式进行教学互动，营造和谐、宽松的学习氛围，使学生对课程的评价方式有清晰的了解，重视学生内在学习动机的激发。其二，教师要指导学生根据自身的实际情况制订合理的学习计划，既要制订长期的学习计划，也要制订短期的学习计划，此外，教师还要为学生提供丰富的、合适的学习资源，并使学生掌握有效的学习策略。

在学生开展自主学习时，教师要为学生个人及班级整体提供有效的学习策略的指导，鼓励学生根据自己的实际情况选择适合的学习方法，并且及时跟进学生的学习情况，及时帮助学生进行学习策略的优化。其三，教师应当时刻关注学生的慕课学习进度，并针对学生的测试完成情况给予及时的评价，把握学生的学习难点，进行针对性的指导。除此以外，教师还要鼓励学生积极主动地对自己的学习情况进行监控，使学生充分运用自我评价与学生互评等形式来把握自己的学习情况。

二、慕课在大学英语写作教学中的应用

（一）慕课应用在大学英语写作教学中的作用

1. 慕课环境下能够快速获取英语资料

在传统的英语写作教学中，学生的写作资料通常是从书籍中获取的，但是，毕竟书籍的资料是比较有限的，而且查阅起来也需要耗费一定的时间与精力，所以，很多时候，学生往往很难获得真正适合自己的资料。然而，慕课教学使这一问题得到了极大的缓解，在网络的辅助之下，学生可以随时随地且非常精准地获得自己所需的写作资料。此外，学生利用慕课网络针对英语写作的相关问题展开交流，也能有效地拓展学生的写作思维。

2. 慕课环境下能够扩展学习空间

在英语写作教学设计中，教师可以有针对性地选择一些优质的英语慕课，使学生更多地接触世界名校的优质课程，进而激发学生学习英语写作的兴趣与积极性，促进自主学习能力的不断提升。此外，在慕课平台中，学生可以自主地搜集相关的写作资料，并且查阅各种优秀的写作范文，掌握一定的写作技巧，并运用于自己的写作实践之中，不断提升自身的英语写作能力。

3. 慕课环境下能够优化教学资源，提高教学效果

英语写作其实就是借助英语这种语言将自身对客观世界的认识通过书面的形式展现出来的活动。英语写作能力的提升不是一朝一夕就能实现的，而是需要长期的积累。慕课平台在网络技术的支撑下，具备了资源共享性、开放性、互动性等诸多优势，学生借助慕课平台，可以查看与阅读各种优秀的英文篇章，还可以阅读其他学生的作文。这样一来，学生不仅能够学习到优秀篇章的写作技巧，还能够在与同学的对比中发现自身的不足，从而不断修改、完善，促进写作能力的提升。

（二）慕课环境下大学英语写作教学模式

1. 以慕课教学平台为切入点

通常来说，学生在进行英语写作之前，需要做好诸多准备工作。当教师在慕课平台上发布了具体的写作话题之后，学生应当分组进行讨论，与组员进行交流，积极发表自己的见解，并且主动搜集相关的写作资料，为下一步写作做准备。除

此以外，在写作时，学生应注意良好的写作习惯的培养，在写作构思上应当多加重视，将自己的观点用英语正确地表达出来，切忌出现文不对题、思维混乱、逻辑不通等问题，尤其要注意避免语法错误。与此同时，应当注意英语思维与汉语思维的差异，遵循英语语言的表达习惯与行文特点，确保文章结构正确，表达流畅。总之，在慕课平台中开展英语写作教学，教师需要做的就是引导学生寻找写作的切入点，及时对学生进行引导并纠正学生存在的不足，帮助学生不断提升英语写作水平。

2. 慕课学习环境的构建

学生在根据写作主题完成写作之后，可以将作文上传到慕课平台上，教师及时在平台中检查学生的写作情况。由于学生在英语水平与思维方式上存在不同程度的差异，因此，学生的作文所体现出的差异也非常显著。教师应当及时发现学生写作中存在的各种问题，并及时进行指导，然后引导学生不断对作文进行修改完善，在这一过程中促进学生写作水平的提升。与此同时，教师还可以选择一些优秀的作文作为展示范例，供学生参考与借鉴，使学生积极学习他人的长处，并及时发现自己的不足，进而取长补短，不断完善自己。

3. 慕课平台下英语写作模式的实施

在慕课平台下开展英语写作需要注意两方面的内容。其一，教师要积极主动地为学生提供相关的写作素材与丰富的写作资料。慕课作为一种崭新的教学形式，具有高度的系统性，教师应当充分发挥慕课平台的优势，在充分把握学生的英语水平的基础上，为学生提供丰富的学习资源，也可以在慕课平台中为学生设置一些相关资料的连接，使学生在需要时可以快速、准确地获取。此外，教师还要引导学生对自己的英语作文进行及时存档，使学生在不断的写作学习中发现自己的不足，并积极借鉴别人的长处，促进写作水平的提升。其二，慕课教学对学生的个性化学习非常重视，因此，为了使学生的个性化学习取得更好的效果，教师应当重视慕课平台中各种资料的整合，使各种资源得到优化配置，从而激发学生学习英语写作的兴趣。需要注意的是，英语写作能力的提升单纯依靠写作能力的训练是远远不够的，英语写作本身就重视对学生的英语综合能力的考查。因此，教师在运用慕课平台时，应当注重为学生提供更加多元化的资料，重视学生英语综合能力的培养，这一点对于学生写作能力的提升也是至关重要的。

4. 构建英语写作质量评价体系

在慕课环境下开展英语写作教学，还应当重视英语写作质量评价体系的构建。由于慕课写作教学借助网络开展，所以，教师往往无法与学生进行面对面地直接沟通。为了更好地把握学生的知识掌握情况与写作情况，教师需要构建相关的评价体系，及时获取学生的学习反馈。

一方面，针对文章质量进行评价，包括英文语句是否通顺，用词是否准确，时态把握标准以及语言环境的设立等；另一方面，教师对学生的文章评价应当根据学生的基础进行区分。对于英语基础较为薄弱的学生，不能过于严厉，应当秉承鼓励的原则激发学生的学习动力与热情，当基础水平逐步提高之后再将评价标准上调。同时对于英文基础较高的学生，可以从文章细节处入手，对学生文章进行较为严格的评价。同时，附加评价内容，指导学生的英文写作改进方向。而且要为学生提供相关的文章对比资料，进而帮助学生在与优秀文章的对比中总结自身存在的问题，从根本上提高英文写作水平。通过有效的评价内容，促进英语写作教学在慕课的帮助下不断提升教学质量，进而达到写作教学的模式优化，为大学英语写作教学提供有利的教学工具，培养具有较高写作能力的英语专业人才。

三、慕课在大学英语口译教学中的应用

（一）慕课在口译教学的作用

1. 加强学生学习效果

慕课运用的第一大受益者当属学生无疑。一方面，不同基础和需求的学生可以通过慕课平台自主寻找所需的口译课程，获得更加个性化的学习资源。传统的线下教学模式，限制了学生的课程选择，当具有明显个体差异的学生处在同一个课堂时，就可能出现所谓的学生分级现象，也就是基础差的学生会跟不上教学进程，沦为差生，而基础好的学生越来越突出。通过慕课平台，学生可以在空余时间对自己所掌握的口译知识和技能查漏补缺，从而选择适合自己基础和发展方向的课程。同时，学生还可以通过提交作业等方式获得老师个性化的指导，这将有利于学生获得个性化发展。

另一方面，慕课的运用可以促进学生更好地吸收课堂知识。参与慕课学习的学生可以借用慕课平台重复播放的特点学习，即使某一章节没有听懂或完全吸收，学生也可以重复播放，或者暂停播放求助他人，最终达到完全吸收课程内容的效果。

2. 提升教师教学

慕课的运用也可以帮助教师更好地开展教学，最明显的一点就是提升教学呈现效果。传统课堂上的教学呈现是即时的，主要基于老师的教学经验，因此，对教学经验不够丰富的老师而言，如何呈现良好的教学效果成为一大难题。但是，慕课是通过录制课程呈现教学的，因此，对于新老师而言，在录制的过程中，有不满意的地方，可以反复录制，精益求精，以达到更好的呈现。而在慕课中，教师的角色由原来的课堂主导者变为课堂活动的组织者和引导者，这一转变也有助于提升教学呈现效果。

在口译教学资源稀缺的今天，高校如何利用教学资源至关重要。如果仅凭传统的线下教学模式开展教学，将无法实现优质教师资源的最大化利用。高校教师

在致力于教学的同时，还参与项目或研究，时间、精力十分有限。在此情况下，慕课可以帮助教师在某个时间段，集中录制教学视频，之后通过网络的传播使视频得到更广泛的利用。另外，从事口译教学的老师可以利用慕课将自己的专业发挥出来，挑选自己最为擅长的领域录制口译课程，使更多学习这一领域的学生受益。

3. 促进口译课程设置的改革

如果能在高校推广使用慕课，口译专业的学生将能享受更具多样性的课程内容。传统的教学受学制、课时、场地等的限制，只能提供少量且较为单一的课程，然而，慕课作为一种新的教学媒介，可以帮助教师录制适合不同基础的学生的课程，比如，笔记法、关键词提取、短时记忆、逻辑梳理等基础性课程，也可以录制更加专业化的、涉及某个产业专门知识或某种场景的课程。慕课平台可以提供教学视频的分享，还可以帮助学生通过互联网平台，享受国内外学校所提供的课程，这将大大丰富口译课程。

另外，慕课还可以将教学模式从传统的课堂教学，转成线上线下相结合的混合式学习方式。混合式学习既可以提供课堂口译技能讲解演练，又能提供基于慕课的在线学习，并能实现学习过程全信息化监控。教师可以上传国内外某一领域的最新语料，或者线上借用多媒体模拟接近真实的口译场景。同时，传统课堂上以教师为主导的填鸭式教学可以通过慕课转换为更加交互式的教学环节，让学生发挥出更大的自主性和学习能力。

（二）在线慕课与离线慕课口译教学的融合

1. 实施在线慕课与离线慕课的融合途径

（1）线上慕课与离线慕课互助互利。离线慕课有两个特点，首先，离线慕课的课件不是单纯地将老师上课的幻灯片（PPT）或直接将老师上课时的实况视频录下来放在平台中，这是离线慕课区别于在线慕课或者公开课的一个特点。离线慕课是将学习内容通过视频、语言、图片、配音等各种有创意的手段来合成慕课课件，这样更适合在仅有的一些碎片化时间内进行快速有效的学习。

其次，离线慕课更为自由，不同于在线慕课不仅需要正式的平台和网络，学习者甚至还需要注册或者付费等，但不是所有学生都有计算机，很难保证每个人都有一定的时间和工具进行学习。离线慕课的出现解决了大部分学习者的时间、场所的问题，因此，它只需要简单的移动设备如智能手机等。随着微信、微信公众号、QQ越来越普及，它们的功能已经从最初的聊天工具转变成具有学习功能和信息传播的方式。老师可以将制作好的学习内容放到微信公众号中或者做成二维码让学生进行扫描学习，学生会觉得新奇以调动他们的积极性，营造有利的语言学习环境，实现随时随地学习，使课堂无处不在。微信、QQ等还可以为师生搭建交流平台，教师可以随时随地跟进学生学习的进度、解决学习的问题，这就改变了"大学老师上完课就不见人"的模式，可以增进师生之间情感。这些设备更贴近学生日常生活，学生学习过程不受时间、地域、工具的限制。所以说，将在线幕课的互动与离线幕课的自主相结合，恰好形成互补，再与传统教学相结合，更好地提高教学质量。

（2）建设线上、离线教学资源。慕课的覆盖面无限扩大，但是，并不是每一门课程都适合引进慕课教学，教师选择引进慕课时应找准慕课与教学内容的契合点，对应好慕课里的内容和课堂教学的链接延展性，利用慕课进行教学，对于重点的突出以及难点的突破是非常有帮助的。课前，教师将设计好的微课资源，甚至一些具有探究价值的问题等上传到网络平台，学生在规定的时间内，按照教师事先布置好的任务进行网上自主学习，并在交流平台中进行交流，教师通过交流平台追踪学生的自学情况，从而在课堂教学前适当地调整教学重点。这种混搭式教学模式，能使学生高度集中注意力。借助视频资料，提出相关问题，学生之间允许相互协作、开展头脑风暴，在实际演练中达到启发学生思维能力的目标，对学生提出的问题做着重讲解，真正实现个性化教学。

（3）设定线上、离线使用对象。在传统课堂上，教师可以将学生分成小组，在课堂上予以引导，小组合作学习活动对于促进学生个体思维能力的发展、学生相互之间沟通能力的增强，以及学生的交流沟通能力的提高、自尊心的养成、个体间相互尊重关系的形成作用深远。在慕课平台下，老师要鼓励每个学生都参与到活动中，创造与同伴交流的机会，集思广益，以达到最优效果。通过网络进行各种交互、讨论，积极进行评论、分享，当发现课程学习过程中的问题和不足时，要积极寻求教师和其他学习者的帮助来解决。

2. 线上、离线教学在商务英语口译课程中的应用

以商务英语口译中的 business dinner 单元为例，用传统教学配套在线慕课与离线慕课的方法做以下安排。

首先，将需要学习的相关资料提前上传至慕课在线平台，包括：关于 business dinner 的视频/音频所要训练的口译技巧，老师拍摄的口译技巧训练小短片等。让学生提前自主学习，老师可通过平台汇总了解学生预习的进度。

其次，教师会在离线慕课上发表与 business dinner 相关的知识，例如国际宴会的礼仪、中国宴会的礼仪、菜名的翻译、常用的席间谈话内容，以及一些与主题相关的视频链接等，让学生在闲暇碎片时间里学习基本知识，并通过留言方式表达自己的想法。

最后，在上课的时间段，第一节课教师会介绍口译技巧并稍做训练，完成课本上的口译练习，第二节课根据在线平台慕课及离线慕课上的资料开展口译练习实操训练，模拟 business dinner 真实场景，配合模拟情景实训室，营造出真实的语言训练环境。

学生在课前通过自学以掌握基本单词、技能等，所以，口译实操训练会非常有效率。整个单元的学习及训练具体流程如下：一是学生形成互助合作团队；二是团队或根据教师提供的材料，或搜集、阅读大量相关文字材料、音频与视频，通过读、视、听获取并熟悉与主题相关知识及词汇；三是基于获取的主题相关内容与语汇，团队可预先练习；四是教师教授口译技巧和本单元的口译练习内容；五是模拟口译现场，团队对已有知识分工交替传译训练；六是其他团队找出错误，给出评价；七是口译团队基于参考译文及教师准备的口译员评估表格对口译者进行评价；口译者按照自评表格对自身口译工作和过程做出评价；八是口译教师进行评估与总结。

第八章 现代教育技术时代
大学英语教师的发展

随着社会的迅速发展，尤其是信息技术的不断更新，学校的教育技术也面临着巨大的挑战。教师在运用信息技术时存在许多误区，如不少教师运用信息技术只是以 PPT 课件教学、电子板书代替粉笔板书、过度使用现代教学媒体播放影视资料、利用媒体创设情景缺乏真实感等，这些都制约了教师的专业发展。要求每一位教师深入思考现代教育技术与教师专业发展的关系，促进自身的专业发展。

第一节 大学英语教师的专业发展

一、教师专业发展概述

（一）教师专业发展的概念

教师专业发展指教师在教学、科研和社会服务等学术活动中能力的提升和个人自我价值的实现。促进大学教师专业发展，激发其工作的主动性和能动性，能够提高大学教师的人力资源效用，从而促进学校整体学术文化水平的发展，提升社会整体教育质量。

教师专业发展又区别于教师职业发展。专业发展一般是针对专业技能型人才的发展，而职业发展适用于所有职业的发展。教师专业发展的满意度着重于青年教师对于教学活动、科研活动及自身学术水平提升、行业认可等方面的满意程度。职业发展满意度包括对外职业生涯发展的满意度和对内职业生涯发展的满意度。其中，对外职业生涯发展满意度主要指青年教师对教师的社会地位、薪酬、名望等方面的满意度；对内职业生涯满意度主要指青年教师对职业充实度、职业幸福感等方面的满意度，反映的是青年教师对职业成就的满意、骄傲与自豪程度。

（二）教师专业发展的特点

1. 专业发展的自主性

专业发展的自主性是教师专业发展的前提和基础。教师在设计课程、规划教学活动和选择教材时，应有充分的自主性；教师应具有自身专业发展的意识，把外在的影响转化为自身专业发展过程中的动力。

2. 专业发展的阶段性和连续性

研究教师专业发展的阶段性有助于教师选择、确定个人的专业发展计划和目标；教师只有不断地进修和研究，以终身学习为基本理念，才能不断促进自身的发展，以确保教学的知识和能力符合时代的需求。

3. 专业发展的情境性

教师的许多知识和能力是依靠个人经验和对教学的感悟而获得的，教师应该不断反思自己的教育教学理念与行为，不断自我调整、自我建构，从而获得持续不断的专业发展。另外，教学情境具有不确定性，教师的专业发展必须与教学情境相联系，在学校建立一种相互合作的文化，以促进教师的成长。

4. 专业发展的多样性

教师工作包括观察学生、创设学习情境、组织教学活动、训练学生、评价学生学习情况等多种活动，教师专业发展体现在这些不同的活动中，因此，应注重教育知识、技能层面的发展，也应兼顾认知、技能、情感各方面的成长。

（三）**教师专业发展的内容**

1. **专业精神的发展**

教师的专业精神与专业理想同义，是指教师作为教育专业人员所具备的教育理念、乐业敬业及努力奉献的精神。教师实践活动中的每一个环节都充满"以人为乐"的价值承担，都需要遵循一定的原则。

教师的专业精神主要包括以下几个方面。

（1）对教育事业的忠诚、热爱和奉献。一个对教师职业三心二意的人不可能忠诚于教育事业，其专业精神也无从谈起。对教育事业忠诚的教师必定热爱教育事业，热爱学生，热爱自己的任教学科，以我所爱教我所爱，为了我爱甘于奉献。教师在对教育事业的忠诚、热爱和奉献中实现对国家、社会和人民的忠诚，实现其社会价值和自我价值的平衡。

（2）对专业理想永无止境的追求。专业理想是教师在对感受和理解教育工作的基础上形成的关于教育本质、目的、价值、生活等方面的理想和信念。专业性的职业都要求从业人员对专业精益求精，不断追求专业的提升与发展。教育是一项没有最好、只有更好的事业，教师永远不能满足于现状，要不断地挑战自我，追求自己的专业理想。在教师个体对专业理想的持续追求中，实现教师群体的专业发展。

（3）对专业道德规范与行为准则的自觉遵守。教师专业化发展需要不断强化教师职业的自我约束机制，为此，需要建立规范的教师职业伦理和行为准则，教师的专业精神表现为接受和自觉遵守教师职业伦理与行为规范。

2. 专业知识的发展

专业知识是教师专业素养的重要组成部分，能体现教学作为一种专门职业的独特性与不可替代性，同时，其丰富程度和运作情况也决定了教师专业水准的高低。专业知识是教师在师范教育和教育实践中获得的，直接作用于教育过程的实用性知识。

教师的专业知识可以分为以下两类。

（1）学科专业知识。即关于"教育内容"的知识，就是人们通常说的教师应该知道教育教学中要"教什么"。

我国制定的适用于中学教师资格申请者的《教育学考试大纲》对教师的学科专业知识内容做出如下规定：精通所教学科的基础性知识和技能；了解与该学科相关的知识；了解学科的发展脉络；了解该学科领域的思维方式和方法论。

丰富而系统的学科专业知识使教师在复杂的教育教学情境中，能够关注学生的身心状况，随时对学生的学习进展做出反应。

（2）教育专业知识。即关于"教学方法"的知识，就是人们通常说的教师要掌握教育教学中要"怎样教"。

教育专业知识是教师必须具备的知识，是教师区别于非教师的主要特征。从具体内容上看，包括普通教育学、心理学、教育心理学、学科教育学和教材教法知识。教师只有从整体上把握学生身心发展的特点，如阶段性、顺序性、差异性等，了解学习是怎样发生的，了解自己所教学生所处年龄阶段的特点，才能将自己所掌握的学科知识用学生理解的方式传授给他们。可见，教育专业知识对学科专业知识的教授起到理论支撑的作用。

3. 专业能力的发展

教师专业能力是针对教师专业素养中的活动维度而言的，是教师组织教育活动，对学生有目的地施加影响的能力、教师专业能力通过教育活动来体现并在教育活动中发展，它是评价教师专业水平的核心因素。从教育活动的开展实施情况角度，可将教师的专业能力划分为以下五个方面。

（1）人际交往能力。学生是教师的主要交往对象，教师必须全面了解学生，包括学生的家庭背景、个性特点，并采取适合学生特点的方式与其进行交往，从而做到因材施教。

（2）语言表达能力。语言是教师的重要工具，是传播知识和影响学生的重要手段。教师的语言能力可以分为口头语言表达能力、书面语言表达能力和身体语言表达能力。

（3）教育教学组织与管理能力。主要包括班级管理能力、课堂教学的组织能力与管理能力、课外学习与管理能力等。教育教学组织与管理能力可以保障教育教学工作的顺利进行，是教育成功的基础。

（4）运用现代教育技术手段的能力。运用计算机、多媒体等现代化教学技术手段辅助教学，是现代教学的必然要求，教师应该熟练掌握现代教育技术。

（5）教育教学研究能力。教育的复杂性要求教师应以研究的态度来对待它。教师的研究过程是教师对学生、对自己、对教育教学实践和理论进行探索，发现问题，并试图解决问题的过程，是教师成为反思型实践者的过程，也是教师专业发展的过程。

4. 专业自我的发展

教师的专业自我就是教师在职业生涯中创造并体现符合自己志趣、能力与个性的独特的教育教学生活方式，以及个体自身在职业生涯中形成的知识、观念、价值体系与教学风格的总和。具体包括自我形象的正确认知、积极的自我体验、正确的职业动机、对职业状况的满意、对理想的职业生涯的清晰认识、对未来工作情境有较高的期望、具有个体的教育哲学与教学模式。

教师专业自我的形成过程是在教师与外界环境的相互作用过程中，教育教学素质不断提高的过程，是教师职业生活个性化的过程，也是良好教师形象形成的过程。一旦专业自我形成，它不仅影响教师的工作态度和教育行为方式，而且直接影响教育教学效果。

从以上对教师专业发展内容的介绍可以看出，现代社会对教师的角色形象与素质的要求是很全面的。从角色上说，教师与其他社会个体一样，同时担当着多种角色，不同的角色又有不同的要求。在不同的场景中，教师必须调整自己的角色期望，还要协调不同角色带来的冲突和矛盾。成熟的教师一般都能够很好地按照此时此地的角色要求来要求自己。

另外，教师的现代素质也显得尤为重要。比如，教师是否拥有健康的体魄和良好的心理素质、是否拥有创新的精神和能力、是否拥有教学研究的意识和能力、是否能够熟练运用现代教学技术、是否具备浓厚的法律法规意识等，这些都是现代教师必备的职业素质。可以说，在每一个实现专业化发展的教师的身上，都能看到这些素质自然而和谐地共存。

二、教师专业发展的实现模式

（一）发展提高模式

1. 教学实践模式

教学实践模式的含义是强调将教师的发展定位于课堂这一教师日常的教学实境中，把教师的发展与课堂实践进一步紧密相连。因此，在这一模式中应把教师的发展聚焦在课堂中，注重课堂中英语教师自身作用及与同事和学生的合作，把课堂实践作为自己发展的关键推动力。其独特之处不仅在于强调课堂中师生双方学习的提高，并且强调各自在课堂中所形成的实践的、个人的和社会的意义。

　　这一模式在实施中所遵循的基本观点如下。

　　（1）以学生和教师双方的共同提高为中心。英语教师和学生一样，都是学习者，促进学生学习的过程也是英语教师自身发展的过程。

　　（2）支持真正具有影响力和决策权的角色。任何外在因素都无法削减英语教师在课堂中的重要性，只有他们才能对课堂活动产生直接影响，对提高学生学业表现具有最终的决定权。

　　（3）以复杂多变的课堂教学作为发展场景。在对话式的教育情境中，课堂成为英语教师与学生共同构建的文化场所，英语教师与学生在课堂中获得沟通与理解。

　　（4）强调个人、教育和社会三方面的结合。通过课堂这一微缩社会，英语教师从中形成更为开阔的思路，把从课堂场景中获得的意义与整个社会的价值观联系起来。

　　在具体实施时，这一模式有三点需加以强调：第一，应突出课堂教学对英语教师发展的重要性，英语教师个体应立足于英语课堂教学，把自身的发展根植于课堂实践，从中反思自己的教育实践、教育行为及教育效果。第二，注意以课堂为纽带形成协作的英语教师共同体，分开教学的英语教师并不意味着教学中的英语教师是孤军奋战的，英语教师相互间协助所形成的学习共同体也是英语教师专业发展的关键。第三，注意课堂中学生协助的有效性，教师不是"舞台"中的唯一主角，教学是教师与学生运用想象力从事创造和分享的过程。在课堂中，英语教师帮助学生成长，并且在与学生思想、情感的交换和分享过程中，吸收诸多独特新颖的东西，推动自身的发展。

　　专业化的英语教师应充分关注情境体验，要重视知识背后深层的情境性，将所要传递的知识融入特定情境之中，以便于自身更好地学习、成长。传统学习观忽视学习的情境性，教师的学习也不例外。建构主义主张教师在专业发展过程中，要将抽象的知识具体化、形象化，把学习的知识放在具体的情境中体会、品味和理解。一方面，在课堂教学过程中，英语教师要充分认识到课堂情境的特殊性，将自身融入其中，在教学实践中进行学习，进而提升自己；另一方面，英语教师还应注意把学习过程与自身特定的生活情境相结合，进行有针对性的学习。同时，英语教师在专业发展过程中，还要注重培养自身运用知识的能力。专业化的英语教师应该是一名出色的实践者，因为学习知识的目的就是将其运用并发挥作用。知识的运用与外界相联系，英语教师要深刻地体会知识与特定情境的关系，在现实的情境中体验生活，以便更好地发挥知识的社会作用，进而实现教师的人生价值。情境体验应该成为英语教师专业发展的重要观念，应该将其深入英语教师专业发展的整个过程之中，促使英语教师素质的进一步完善。

2. 专业引领模式

在学习化的社会里，人人都需要终身学习。教师为了提高自己的专业素养，往往会向周围的同事、学生甚至家长学习，向书本、实践学习。但是，一般情况下，校内同层级教师之间的横向支援较多，明显缺少了纵向的引领，尤其是在当今我国课程发展大变革的时期，先进的理念如果没有以课程内容为载体的具体指引与对话，没有研究者与骨干教师等高一层次人员的协助与带领，同事之间的横向互助经常会自囿于同水平反复。专业引领人员可以是教育研究的专家和行家，既包括教育科研人员、教研人员等专业研究人员，还包括资深的专家型教师，如特级教师、学科带头人等具有教育研究专长的人员。英语教师必须向专业人士和成功人士学习，不断接受先进理论、技术、方法和经验的专业引领。

专业引领模式是指通过聘请教育专家、骨干教师参与建立教师教育学习型组织、研读文献资料、讨论个案、合作研究等活动中促进教师理论知识向实践经验的转移，实现教师专业素养的提升。

（1）专业引领的基本要求。

①对英语教师的专业引领要目标明确、内容正确、方法适当。专业发展的总体目标是指教师不断接受新知识、增强专业能力，使个体在专业素质方面不断成长和成熟。但处于不同发展阶段、不同水平层次的英语教师的专业发展方向和水平是有差别的。因此，在引领英语教师专业发展的过程中，目标定位要切合各教师的实际情况，引领内容要有一定的针对性，要有利于提高英语教师的实际工作能力和水平，引导方法既要灵活多样，又要讲究实效。

②充分发挥引领人员和英语教师双方的能动性和积极性。科研专家对英语教师的引领主要是教育教学科学理论的引领，教研人员对英语教师的引领主要是把教育教学理论与教育教学实践结合在一起的引领，第一线骨干教师对英语教师的引领主要是具体实践操作的引领。引领人员必须具有较高的素质水平和引领能力，既有理论上的指导，又有实际的教育教学示范；既要参与英语教师学习、研讨的过程，又要对英语教师具体的教育教学实践进行评析，还要采取切实有效的方法措施，善于指导他们开展教育教学实践活动。因此，引领人员一方面必须具备丰富的教育科学理论知识和实践经验，另一方面，又能对引领工作有很高的积极性，要乐于从事引领工作，这样才能保证引领工作的顺利和有效开展。在专业引领过程中，作为接受引领的英语教师，要有积极上进的精神，要确立"学习"和"发展"的思想，在接受引领的过程中充分发挥自己的主观能动性，积极配合，向引领人员虚心学习。只有这样，才能使自己的水平得到提高，促进自己的专业能力获得更好更快的发展。

③对英语教师的专业引领要到位而不越位。引领人员对英语教师无论是教育科学理论的引领，还是教育教学实践的引领，都要努力做到到位而不越位。"到

位"就是给英语教师提供必要的帮助；"不越位"就是引领人员不能越俎代庖。在专业发展过程中，英语教师是发展的真正主体，专业引领人员无论怎么引领或指导，都不能也不应该代替教师，引领的最终目的是不引领，因此，专业引领人员要立足于提高英语教师的教育教学理论水平和独立的教育教学和实践研究能力而进行引领，要通过到位而不越位的引领，使之真正获得良好的专业发展。

（2）专业引领的操作方法。

①阐释教育教学理念。英语教师不同的教育教学理念，决定其在教育教学的行为方式。在英语教师专业发展过程中，掌握并形成新的教育教学理念是英语教师获得专业发展的首要任务。要完成这一任务，引领人员可采用讲座、学术专题报告、专题理论研讨、教学问题诊断、案例评析、教学专题座谈咨询和引导自学等形式，让英语教师全面掌握新的教育教学理论。在当前教学改革背景下，教学思想理念的引领主要包括教材内容的理解分析、课程教材教法的分析辅导、课程标准与学科课堂教学问题的评析等。

②共拟教育教学方案。在英语教师的专业发展过程中，在教师掌握了教育教学思想并形成了新的教育教学理念的情况下，引领人员要与英语教师就某种教育教学内容或现象在共同探讨的基础上，引领他们并与他们共同拟定出教育教学方案。在共同拟定教育教学方案的过程中，引领人员既要发挥引领作用，更要指导英语教师在科学的教育教学理论的指导下，逐步形成具有自身特点和风格的教育教学设计，并使教师学会独立拟定教育教学方案。共同拟定出来的教育教学方案，要符合教育教学科学理论的要求，要有利于教育教学的具体实施。

③指导教育教学实践尝试。在教育教学方案拟定好之后，引领人员要与英语教师一起将共同拟定的教育教学方案直接用于教育教学实践中。以英语教学为例，引领人员要引领英语教师，将拟定好的教学方案直接用于课堂教学之中，让教师在教学实践中尝试实施教学方案，验证教学方案的可行性和有效性。在英语教师使用共同拟定的教学方案进行教学实践的过程中，引领人员要深入课堂，关注、考察和记录执教教师的教学行为并将他（她）的课堂教学行为与拟定的教学方案进行比较，找出与教学科学理论的差距；在英语教师教学尝试之后与他们一起讨论进一步修订方案，改进教学方法和教学行为。

（二）校本合作模式

合作模式是从外部保障的体制提出的，尤其以院校协作为主，就大学与中小学这两种机构来说，它们在实践中的目标、观念系统等都有显著的差异，但合作模式并不是要对中小学教师和大学机构及个体进行强行约束，而是力图通过合作的方式，期望以某种更为规范化、理性化的方式，从实施层面上来促进英语教师的发展，从外在形式来对合作关系加以规范和约束，确保院校协作的有效性，从而促进教师的发展。

1. 校本合作模式的基本观念

（1）英语教师专业发展并不仅是中小学和大学内部的事情，而是需要通过教育的整体变革，以一种系统的观念和全局的视角来设计和规划。

（2）真正意义上的英语教师发展需要一种自然的、开放的生态场景。体制是教师专业发展中最重要的外部环境，教师的专业发展很大程度上依赖于体制因素。不合理的制度会阻碍教师的专业发展。当前各学校英语教师的聘用、晋级，英语教师课程安排和评价等方面存在许多制度不合理之处，构成了英语教师专业发展的障碍。应取消英语教师管理上的纵向权威科层制，使他们在处理日常事务时不会受到校内和校外其他权威的限制和控制，充分发挥英语教师在教学中的主导角色作用，提高教师的自主意识与责任感。管理部门在管理上要积极营造一种有利于英语教师专业发展的氛围，完善教师评价机制，采取行之有效的办法提高英语教师专业发展的能力。

2. 校本合作模式的形式

（1）请校外英语专家到本区域或学校做有关英语教学的报告，开阔教师的教学视野，以提高广大教师的理论水平，让更多英语教师了解本学科领域的前沿知识，掌握英语发展态势，拓宽学科视野。

（2）组织团队的英语教师到相关企事业单位锻炼、实习，了解行业发展的最新状况。

（3）院校之间可共同编写英语教材。

（4）成立英语教学专业组织，该组织应定期开展学术沙龙活动，使各校教师定期交流教学经验，从而促进英语教师的专业发展、提高教学质量。英语教师还应积极加入外语教育组织，通过参加学术会议和相关活动加快自身专业化发展的进程。

合作模式的实施不仅体现在组织层面（即院校机构之间的相互协调），而且更多地要注重落实于实践个体的相互关系中（即分属不同制度文化中英语教师的合作）。首先，要明确规定中小学、大学及具体指导者的角色分工，使他们各尽其责，各就其位。从中小学角度来看，应该关注的是：英语教师怎样在教学中学习了解教学，英语教师发展中反思的性质与作用是什么，影响英语教师发展的因素又是什么（经历、环境、学校领导文化），等等。而作为大学机构，则要不断地自我审视：大学英语指导教师在促进教育政策的形成，英语教师发展与学校改革中的目标、作用与义务及所做的工作等。其次，合作关系要求人们合作并相互尊重，这一方式是通过相互联系而形成整体；基于分工不同、优势互补的原则，要求双方互利互惠，民主地参与教育决策。在这个共同协作的过程中，双方不断思考与自我调整。

（三）自主发展模式

1. 反思教学模式

反思教学倡导以学生的发展为本。反思意味着对于任何信念或假设的知识，按其所依据的基础和进一步结论而进行的主动的、持久的和周密的思考。反思教学理念要求教师对自我的行为，包括教学前后的各方面的问题进行批判性的重新审视，进而调整和提高教学质量。

（1）反思教学的主要特点。

①积极的自我意识。教师必须树立积极的态度，不满足于当前的教学效果，并做好反思的预备措施和计划。教师的职责不仅是传授知识，而且应当包括对教学进行反思和剖析，以不断提高教学质量和自己的从业能力。英语教师必须改变传统的教学观念，形成积极的自我意识，这样才能使反思教学有效地开展。

②及时的反馈性。反思教学的一个重要特征就是具有及时的反馈性。教师要通过各种途径对教学的过程和效果进行相应的观察和调查，将教学实践建立在密切注意和研究课堂中学生的基础上；英语教师要及时、有效地收集与教学效果相关的信息。实施反思教学必须体现出信息的及时反馈性，及时而充分地了解教学过程和学生的学习状况，从而建构教学效果，提高认知基础，进而采取有效措施提高教学效率。

③双重的发展性。对教师的发展而言，反思性教学的意义更在于它不仅能优化教学过程，提高教学效率，而且能提高和发展教师自身的素质和能力，而这种提高是不间断的、可持续的。在反思教学过程中，教师既是从业者，也是研究者，因此，这种自我发展的模式对教师素质和能力的形成和发展具有重要意义。

通过反思不仅有助于提高教学效果，而且还能促使教师朝专业化方向发展。反思教学使教学和教师都能得到不断发展，体现出教学曲折的前进趋势和螺旋式的上升过程，帮助教师最终走向专业化。

英语教师发展主要包括教师在教学实践过程中以改进教学和实现自我发展为目的所进行的反思和研究。教师的反思，通常指教师通过内省或其他方式对自己的教学思维、教学过程及教学活动进行再认识。在自我反思过程中，教师可以发现自己教学行为中存在的问题，进而通过探究问题、解决问题，最终达到提高教学质量、更新教学理念、改进教学、求得自我发展的目的。

按照教学过程，反思可分为三个阶段：教学前反思（reflection before action）、教学中反思（reflection in action）和教学后反思（reflection on action）。反思在把教师行为背后的内隐知识和信念显性化的同时，增强了教师的自我意识和自我发展的能力。英语教师不再只是接受外来理论和教学方法的教书匠，而逐渐发展成为"反思性的实践者"（reflective practicer），教学过程中蕴含着教师的创造性，体现着教师的实践智慧。英语教师对教学的反思和剖析不仅体现在某一堂课里，而且要为整个教学的连续进行做好准备，把教学计划付诸实施（教学实践）；教师要对教学过程进行系统地观察、反思和研究，并在此基础上进行补偿和提高。因此，必须突破传统的课时观念的束缚，视教学为发展的整体。

（2）反思教学的具体操作程序。

①反思教学的准备（教学前反思）。英语教师首先必须具备足够的教学知识与技能（外化的发展），包括教学方法、教学模式等。其次必须更新理念，形成批判的态度，以寻求教学效果的提高为目标。另外，还必须制订有针对性的教学计划，认真考虑所有可能的项目。没有教学前的充分准备，反思教学将难以开展，或者不能收到应有的效果。

②反思教学的实施（教学中反思）。这一步是反思教学的前提，为教学的补偿和提高提供必要的认知基础。一方面英语教师要采取有效的方法进行教学；另一方面又要从多维的角度对教学活动进行专门的、同步的监控和调查，从而获得反思与提高教学所必需的资料和信息。英语教师可以采取如教学日记、问卷调查、教师相互观察、行动研究、教学博客和案例分析等方式灵活地进行反思。

③反思教学的补偿与提高（教学后反思）。反思教学必须考虑教学中产生变化的诸因素。教与学的关系一旦变化了，英语教师的行为也必须相应地变化。通过教师对教学效果的监控和反思，整个教学过程将会变得更为清晰。

在补偿与提高阶段，要有的放矢，这样，教学的不足不仅能得以弥补，教师的职业能力也能在此过程中得以提高。

④建构教学行为反思的连续体。英语教师和英语教学的发展都应当体现可持续性，反思性教学不仅存在于某一两节课里，而且存在于整个教学的整体行为当中，构成一个不断发展的连续体。每一个反思的教学环节都将构成教学连续体的不可分割的链条，成为下一次反思的基础。事实上，从最开始的准备到最后的补偿与提高，反思教学构成了一个紧密联系和不断发展的系统。在这个系统的发展中，教师自身的素质与能力也得到了提高，并且不断地朝专业化方向发展。

2. 教育行动研究模式

作为一种教育思想，教育行动研究要求教师转变观念，着眼课堂教学，将教学行动与教学研究有机地结合，全面提高教学质量，优化自身素质。这种新型的教育思想完全有别于传统研究意义上的用"研究"成果指导教育教学"行动"。其注重的是从研究到行动和从行动到研究这样一个相互依存、相互作用、推动发展的行动过程。

这种模式具有以下特征。

（1）其研究具有参与者驱动以及自我反思的特征。

（2）其活动具有合作性的特征。

（3）其结果不仅有助于知识的掌握，而且有助于实践行为的改良。

（4）其表现具有语境性的特征。

可操作性强的行动研究方式主要有以下几种：写教学日志、录音录像、课堂观摩、问卷调查等。就英语教师而言，这些研究手段能够促进其研究步骤的科学落实，优化研究设计，进而取得更好的研究成果。

①教学日志。教学日志与教学日记有相似之处，就是具体地记录教学过程中的一些教学现象和过程，包括遇到问题时的具体解决方法，所接受的建议与意见，新的教学方法的应用，进展顺利或不顺利的活动，体验到的情绪，短期的计划与备忘，课堂突发事件的原因与应对办法、手段、工具以及与彼时彼地有直接关联的即时想法。与教学日记不同之处在于它可以是使用同一个教研组共同做的记录或几个要好的同事之间相互做的记录；另外，教学日志没有固定的模式，可长可短，可简单可复杂。通过教学日志，英语教师能够及时记录当天的教学过程与感受，全面反映教学事件，如实反映教学主体与客体的交流，为日后对教学实践的自我反思提供内容翔实、来源可靠的一手材料。

②录音录像。录音录像为如实记录课堂实践提供了一种现实的可能，英语教师只需掌握一定的语言转录方法，便可以对课堂实践进行多角度的研究，完整地记录教学的全过程，有利于教师发现自己的隐性行为。英语教师在进行研究时可以对录音或录像进行反复播放，理性、客观地反思，分析隐性行为的形成原因，寻求合理的解决办法，从而使自己的教学更加有效，使自己缩短成长过程。

③课堂观摩。课堂观摩也是对课堂实践进行观察和记录的一种方法，这种记录从第三者的角度，即教师同行、专家或学生等，从多个维度和层面对课堂实践中的教学事件进行深入的分析。它能让观摩者和被观摩者取长补短，能够为英语教师提供及时反馈，使教师发现教学上的优缺点，发现教学中存在的问题，进而针对问题提出解决方案或改进措施，并不断改善自己的教学。它还可以促使英语教师经常研究新的教学策略，并能更适当地加以使用。课堂观摩可以提升英语教师的教学效能，并赋予教师更多的权力，使教师彼此互助，熟悉好的教学技巧，并予以内化和灵活运用。英语教师可以重新审视教材、教法，有效运用新的教学方法，促成教师教学方式的改变。另外，同伴观摩还能够促进英语教师之间专业知识和经验的共享，提升教师的专业能力。

④问卷调查。问卷调查是指教师为了对自己教学实践的某些方面进行自我观察、自我监控和自我评价而使用的一种问题调查表，通常采用不记名的方式，有利于学生就课堂实践的实际情况进行回答，很适用于了解学生的真实感受和需要，是师生沟通的最佳途径。问卷调查的最大优点就是可以不定期进行，教师可以从学生兴趣、爱好出发，对教学方法、教学内容、教学活动、教学进程、课堂组织与管理及其效果等方面设计问题，使自己能够更清楚地认识到自己教学上的优点与不足，以便及时改进。问卷调查为英语教师获得关于课堂教学的各方面数据和情况提供了技术支持。通过问卷，教师可以获得量化的数据材料，问卷调查之后一般还有访谈，这有助于英语教师深入了解参与问卷调查的受试者的背景知识及心理状态等，为诠释量化数据提供进一步的材料支持。

第二节　大学英语教师信息化素养的培养

一、信息化素养概述

（一）信息化素养的内涵

所谓信息化素养，是指人们为了某种目的而获取信息、传输信息、处理信息和应用信息的能力，是综合能力的基础，因此，信息化素养是一种非常重要的能力。依靠信息化素养技能，人们能够实现表达思想、交流感情、展开合作，进行有效的思维、研究、决策和问题求解，进行终身的持续学习与合作学习。

（二）信息化素养的特点

信息化素养是一个人在解决问题的过程中体现出来的综合素质。它是对个人从意识问题、分析问题、设计解决问题的方案、收集解决问题的信息、掌握解决问题的工具和方法、实施解决问题的方案到评价问题的解决过程及结果等一系列前后衔接的过程中，对与问题相关的知识的掌握和具备某种能力及能力的熟练程度的综合反映。信息化素养具有以下特点。

1. 综合性

信息化素养是人的基本素质的一部分，涉及人的方方面面，是在解决问题的过程中体现出来的个人的修养和能力。它不仅跟信息技术知识和信息技术能力有关，还跟具体问题的内容有关，素养高的人能采用最有效的方法解决实际问题。

2. 形成的长期性

素养的形成不是一朝一夕的事情，需要长期积累、反复练习，只有在不断解决问题的过程中，才能掌握必要的知识，并能熟练地应用这些知识。熟练运用知识和技能是信息化素养的基本要求，而熟练只有通过大量的练习、反思及总结才能达到。

3. 测量的间接性

信息化素养不能被直接测量，只能通过测量反映素养的知识和能力，来间接推断一个人信息化素养的高低。

4. 解决问题的灵活性

素养表现为在具体问题情境中快速应用知识和能力收集特定的信息、设计专门的解决方案、运用特定的工具和方法解决问题的过程。问题的解决方案往往有很多种，实施方案的途径也有很多种，信息化素养高的人表现为可以根据实际情况迅速确定解决问题的核心，设计出多种解决问题的方案，并能熟练地投入实施。

5. 创新性

在解决问题的过程中，针对问题的具体情况，素养高的人往往能产生新的思路，发现新的解决问题的方法，能把问题的多个方面或与问题相关的多种知识综合起来，设计出新颖的解决方案，采用新颖的工具和方法，高效地解决问题。

二、大学英语教师信息化素养培养的原则

（一）培训内容应具备可接受性

英语教师不是信息化技术的专业人员，只是在工作过程中运用信息化技术，所以，在设计英语教师信息化技术培训的内容时，应切合教师的实际，选择一些教师能够掌握的内容，例如，教学中经常用到的文字处理、演示文稿、表格的制作等内容。

（二）培训内容应具备实用性

信息化技术的发展日新月异，应用软件升级也是迭代不穷。在选取英语教师信息化技术培训内容时要选实用的技术，一些暂时不用的或用不上的，教师就可以不学。

只有那些教师们学得会、用得上、用得好的信息化技术，才是真正在教育教学中具有重要价值的信息化技术，才是教师喜爱的信息化技术。因为教师信息化技术培训的最终目的是应用，是改进教学，是促进教师与学生的共同发展。

（三）培训内容应能减轻教师工作负担

教师之所以需要信息化技术，是因为这些信息化技术能帮助教师简捷、高效地解决教育教学中的实际问题。在为教师设计信息化技术培训内容时应选取简单易学、适合课堂教学、能够减轻教师劳动强度和难度的信息化技术。那些脱离信息化教学实际需要，反而增加了教师的劳动强度和难度的信息化技术是不受教师欢迎的。

（四）培训内容应能帮助教师提高创造性

信息化教学，是以现代教学理念为指导，以信息化技术为支持，应用现代教学方法的教学。信息化教学强调对学习环境的设计，强调利用各种信息资源来支持"学"。作为教学中的应用技术，信息化技术必须在降低教师劳动强度的同时，能够具有提升教师劳动创造性的功能。

（五）培训内容应能促进教师专业发展

在信息化时代，信息化技术在不断发展变化，为此，英语教师信息化技术培训应着重提升广大教师的信息化素养，尤其是要强化教师自主学习能力的提高与发展。那些能够提升教师学习能力和促进教师专业发展的信息化技术，例如，网上阅读、备课、教研和处理日常工作等应当作为培训的核心和重点。

信息化技术和网络的发展已经给英语教育带来了深刻的变化，基于信息化技术的英语学科教学改革已经势在必行。要做到信息与多媒体技术有机地融合到英语课堂教学中，教师自身的信息化素养是至关重要的。

三、大学英语教师信息化素养培养的路径

（一）国家宏观层面应做的努力

1. 保证政策支持，加大经费投入

国家战略层面一直高度重视高校的信息化建设，从信息全球化及确保文化阵地的层面上说，国家应保证高校教师发展的相关政策及连续性，给予高校更多自主权，提高高校教师教学发展中心的地位；加大投入，明确国家经费投入比重，为教师的教学发展提供保障，支持教师的教学信息化技术培训，鼓励教师的教学技术创新，提高教师的教学技能水平；加强对高校教学信息化程度的考核，引入地区和学校的教育信息化发展水平的考核指标；关心教师的专业化发展，对创新教学方法的组织机构和个人或对教学信息化建设中做出突出贡献的高校或教师给予奖励，通过有利于教育信息化发展的政策和制度的运行，鼓励高校及教师重视教学信息化的建设与发展；考虑不同地区经济发展水平和实际需求，形成区域性教育信息化发展特色。

2. 加强资源建设，发展交流平台

借鉴其他国家的教学信息化经验，例如，英国利用信息技术提升教师教学计划、新西兰的"学校群"联盟、新加坡的"智慧国计划"等，发展"数字"校园、"智慧"教学，提升教学信息化水平；促进高校与信息技术企业的合作，优化并共同开发教师教育技术，推动教师交流平台建设，共享高校资源；突出教育资源建设的实用性和特色性，以教师实际需求为主，重点建设教师网站群，共享数字化图书馆、学科网站、多媒体素材库等，满足教师教学需要；由政府牵头，减少资源渠道的中间流转环节，坚持做规模适中、畅通、规范、开放的网站工具，完善教师教学资源。

（二）教育行政部门应做的努力

1. 教育主管部门要认识到信息化素养教育的紧迫性

思想是人行动的先导，要有效地提高教师信息化素养水平，必须要先从理念上重视起来。教育信息化的发展为新课程改革创造了优良的教育教学环境，在信息化教学环境中，传统的教与学的方式发生了巨大转变，教育中新型教育理念和教育思想得以实现和升华。在信息社会中，现代信息技术与教育教学的结合，对教育教学产生巨大的促进作用。教育主管部门要明确认识到提高教师信息化素养的重要性和必要性，从思想上、观念上深刻认知到信息技术为教育教学带来的巨大的改变。

2. 优化师范院校的课程设置

高等师范院校是培养未来教师的摇篮，其课程体系的设置直接关系职前教师的信息化素养水平的高低。就目前的教育形势来看，未来高师毕业生面对的教育对象是已经具备一定的计算机知识和技能的学生，将面对的教学环境已不光是传统的讲台、粉笔和黑板，而是现代化的教学设备、教学任务、教学内容和课程，以及教师角色的种种变化，要求教师必须具备高度的创新意识、创新精神和学习能力。如果教师不能利用现代信息技术创造性地组织教育教学活动，将会有面临被淘汰的可能。因此，针对基础教育所提出的挑战，师范院校的信息化素养教育类课程体系不仅要培养知识型的教师，更要注重培养能够育人、掌握现代的教育思想理论、具备一定的信息化教育教学技能和实践经验、熟悉基础教育教学的规律、理解信息教育等现代教育理念的综合型教师。

（三）高校应做的努力

1. 完善相关的评价和激励机制

健全高校教学质量评价体系，制定相应的教师教学水平评价标准和教学质量的评价体系，确立相应保障教学质量的制度，是保证教师对教学积极性，实现信息化背景下教学过程的全面质量管理，保证高校教学质量的重要措施。

（1）建立合理的教师评价制度。改变单一化、模板化的量化标准，以多元化、全方位的全员评议为方向，结合同行教师、学生、院校等评价结果进行系统评价，构建科学合理的教学评价体系；加强对教学质量评价指标体系的研究，充分考虑教学活动的复杂性和多因素制约性以及评价技术和手段的局限性，兼顾不同学科、学院、教师类型等因素带来的影响，制订准确客观的量化指标；加强评价结果的反馈和同行听课，强化过程评价与结果评价相结合，调动教师参与评教的积极性，确保学生评价、教师自我评价、同行评价相结合，确保评价的科学性、客观性、有效性、诊断性。

（2）建立良好的激励支持环境系统。信息时代，应该利用信息技术为教师的教学创建良好的教学文化环境，根据国家政策支持完善校内学习平台，为培养教师教学能力提供物质基础，加大教育信息化硬件设施的投资力度，合理筹划现有信息技术设备，优化校内资源配置，进行科学化的教学管理，适应教师的教学需求；深入研究有利于实现大学使命的教育教学规律，在校内营造良好的自主学习氛围，要为教师的学习活动提供便利，为他们提供学习设施、材料并创造学习交流的机会。

2. 鼓励教师运用信息技术进行教学创新

信息时代，知识的更新速度很快，需要高校教师时刻保持学科专业知识的高渗性与前沿性，从学术性视角审视大学教学活动，也如同高深知识的生产与应用一样，属于学术活动，这就要求教师符合教学的学术性要求，而科教融合就是把教学和科研有机融合，将科研优势和科技力量转化到人才培养中，它有助于实现教学模式由"教师中心"向"学生中心"的转变，提高教学的学术性和有效性，提升教学质量。

（1）增加教师的科研活动。不仅能提高教师自身的学术水平和研究能力，还可以促进教师提升教学能力和教学水平。开展高水平的科学研究，有利于教师教学观念的转变，有利于教师更新教学内容和改革教学方法，学生可以直接从中受益。研究表明，科教融合是实现科研与教学相互促进、教学相长的有效手段，高校应促使教师将科学研究方法和教育教学方法相融通、科学成果和教学成果相融通，从而引导、促进大学教师自觉加强对教学本身的反思和研究。在资源上要向基层教学组织倾斜，促进教师与学生共同摸索，不断反思，不断总结；利用信息化技术与网络手段融合教学和科研活动，积极开展网络教研，例如，网络教育博客记录教学日记、网络教育论坛积极开展网络教研等。

（2）建设、推广应用精品在线开放课程。高校应根据教育部的有关精神，将精品在线开放课程建设与信息技术在教学中的应用相结合，以此为契机制订措施和办法，集中在本校推出一批精品课程，并在教师中组织交流和观摩，有力地促进信息技术在各个学科教学中的广泛应用。

3. 对教师开展培训

（1）专业进修。专业进修是指教师为了提高专业水平和学历层次，或者为了获得相应学位而参加的各种专业进修活动，包括各种自学考试、函授、远程教育等形式的专科、本科、专升本学历教育以及有关信息技术教育、教育技术等学科的研究生学位学习等。这种进修培训专业性强，所学知识比较系统全面，但对广大在职教师来说还不具普遍性。

（2）短期培训。这主要是指由各大专院校、地方教育管理部门或师资培训中心等组织的有计划、大范围、短期集中进行的信息技术应用培训活动。如由政府部门组织的骨干教师技能培训、中小学教师信息技术轮训、中小学教师教育技术能力培训等都属于这种形式。

（3）校本培训。这是指各学校利用节假日等空闲时间在校内自行组织的本校教师的培训活动。这种培训方式的特点是时间可长可短，次数可多可少，形式灵活多样，或专题讲座，或计算机知识培训，或教学观摩等。内容较有针对性，强调实用性，能有效地将信息技术与学科课程相结合，使培训活动更具活力和效果。

（4）自发研修。这是指在职教师为了教学和科研需要，为了提高信息技术水平，提升信息化素养，自发地学习相关知识、掌握相关技能和进行相关研究活动，包括利用闲暇研读有关教育技术和信息技术教育方面的专业书刊、自行参加有关的专业培训或业务研讨会、利用信息网络资源自学、积极开展信息技术教研活动、发表教学成果等。

（四）教师自身应做的努力

1. 激发信息化教学需求，发掘内在学习动力

社会信息化为高校教学信息化提供了很好的外部环境和发展动力，从社会信息化到高校教学信息化，需要学校完成外在动力到内在动力的转变。如何激发学校内在信息化教学需求、找到内在发展动力成为促进教师信息化教学能力发展至关重要的第一步。教师应积极主动了解本学科领域信息化教学的潜在需求，将对信息化教学的认识从社会领域逐步转移到自己的专业特色领域，从自身需求出发，积极探索信息化手段在教学中的重要作用。

2. 提高信息化教学意识，主动进行角色转换

信息化教学不仅是利用信息技术达到辅助教学的目的，更重要的是信息化教学理念下教师角色定位的转变。教师应该由知识的传授者转变为学生的指导者和合作者，成为教学资源的开发创造者，课堂的"导演者"，和信息化教学的"实践者"。只有教师信息化教学的实践伴随角色的转换，信息化教学能力才能真正得到提升。

3. 树立终身学习意识，积极主动实践信息化教学

教师信息化教学能力的提升离不开终身学习，只有树立终身学习的意识，才能在教学实践中自主学习新知识、新技能。首先，教师应该根据自身特点和学科背景，制订与信息化教学相匹配的学习计划和目的，例如，教学设计、知识点分割、视频制作和资源整合等，循序渐进地提升自身的技能。具备一定的信息化教学能力的教师应在实践中发现、记录问题，针对自身能力薄弱的环节自主选择学习资源，加强理论和实践能力的培养。

参考文献

［1］陈妩．现代教育技术［M］．北京：北京师范大学出版社,2017.

［2］罗文浪．现代教育技术［M］．北京：北京理工大学出版社,2015.

［3］何荣杰．现代教育技术［M］．北京：北京邮电大学出版社,2014.

［4］周全林,陈建军．现代教育技术［M］．武汉：武汉大学出版社,2014.

［5］赖麟,陈代娟．现代教育技术［M］．成都：四川大学出版社,2014.

［6］祝宇红,方华基．现代教育技术［M］．杭州：浙江大学出版社,2011.

［7］王治文．现代教育技术［M］．杭州：浙江大学出版社,2011.

［8］董彦．现代课堂与教师教育技术能力发展研究［M］．合肥：中国科学技术大学出版社,2017.

［9］魏向君,周亚莉,杨丽丽．信息技术与英语教学［M］．兰州：甘肃民族出版社,2007.

［10］应卫勇,刘百祥．现代远程教育学习概论［M］．上海：华东理工大学出版社,2014.

［11］许亚南．远程开放教育的探索与实践［M］．宁波：宁波出版社,2009.

［12］宋秋前,袁优红,张晓辉．智慧课堂：教学行动研究的探索与实践［M］．武汉：武汉大学出版社,2013.

［13］金丰年,郑旭东．智慧课堂创新［M］．南京：南京大学出版社,2017.

［14］金丰年．智慧课堂萌芽［M］．南京：南京大学出版社,2015.

［15］孙敏,金丰年．智慧课堂在线［M］．南京：南京大学出版社,2016.

［16］洪飞．构建师生共生长的智慧课堂［M］．北京：中国言实出版社,2018.

［17］王卫华．教学机制与智慧课堂［M］．北京：人民教育出版社,2012.

［18］黄发国,张福涛．翻转课堂研究与实践：翻转课堂100问［M］．济南：山东友谊出版社,2016.

［19］肖春明,张福涛．翻转课堂导学案编写指导与案例分析［M］．济南：山东友谊出版社,2015.

［20］王亚盛,丛迎九．微课程设计制作与翻转课堂教学应用［M］．北京：机械工业出版社,2016.

［21］方其桂．翻转课堂与微课制作技术［M］．北京：清华大学出版社,2017.

[22] (美)乔纳森·伯格曼,(美)亚伦·萨姆.翻转课堂与慕课教学一场正在到来的教育变革[M].宋伟,译.北京:中国青年出版社,2015.

[23] 金陵.翻转课堂与微课程教学法[M].北京:北京师范大学出版社,2015.

[24] 王勇.翻转课堂的理论与实践基于应用型本科人才培养的探索[M].杭州:浙江大学出版社,2016.

[25] 张福涛.翻转课堂理论研究与实践探索[M].济南:山东友谊出版社,2014.

[26] 段忠玉.翻转课堂模式中的英语案例教学研究[M].北京:中国书籍出版社,2016.

[27] 张仁贤,逄凌晖,刘兵.翻转课堂模式与教学转型[M].北京:世界知识出版社,2014.

[28] 许酉萍.基于网络多媒体的大学英语教学模式的研究[M].长春:吉林出版社,2017.

[29] 邓翠英.远程教育中运用多媒体辅助英语教学的问题与对策[J].湖北函授大学学报,2017,30(15):182-183,191.

[30] 刘丹丹,肖健.现代远程教育中两种英语教学模式比较研究[J].外语界,2003(6):30-34.

[31] 何勇斌.远程教育在成人英语教学中的实践与挑战[J].郑州航空工业管理学院学报:社会科学版,2013,32(5):183-186.

[32] 李靖,梁玉.远程教育视阈中大学英语自主学习模式建构[J].中国电化教育,2011(7):72-77.

[33] 姚永滨.信息化技术在英语教学中的应用[J].电子测试,2016(3):153-154.

[34] 卢雨菁,李维德.Internet、远程教育与英语教学[J].社科纵横,2001(5):71-73.

[35] 杨艳春."互联网+"时代移动微型学习在大学英语教学中的应用[J].高教学刊,2016(6):117-118.

[36] 许梅,滕爱杰,邹丹.基于微信的大学英语词汇移动微型学习研究[J].科技风,2016(12):67.

[37] 江晓宇.移动微型学习理论下的微信辅助大学英语教学研究[J].铜仁学院学报,2015,17(1):109-114.

[38] 窦菊花.基于碎片化应用的大学英语移动微型学习实证研究[J].宁夏大学学报:人文社会科学版,2014,36(4):172-179.

[39] 闻晔芃,夏芬,陈萍.基于微信公众平台的大学英语微型移动课程的设计和应用[J].英语广场,2017(11):96-98.

[40] 胡月月,梁端俊.微课在大学英语教学中的应用探究[J].滁州学院学报,2015,17(6):125-127.

[41]梁文．微课环境在大学英语教学中的应用与思考[J]．黑龙江高教研究,2016
（2）:162-164.

[42]王凤．微课在大学英语教学中的应用研究[J]．教育理论与实践,2016,36
（27）:47-48.

[43]欧阳志群．微课对大学英语教学改革的启示[J]．高教学刊,2015(15):85-
86,88.

[44]童颜．英语智慧课堂对大学生思维能力的培养[J]．西部素质教育,2017,3
（22）:10-11.

[45]朱蕤．智慧课堂背景下大学英语词汇教学探索[J]．煤炭高等教育,2018,36
（1）:24-27.

[46]陈曦．大学英语智慧课堂的特征及构建[J]．海外英语,2018(8):64-65.

[47]厉建娟．"互联网+"时代大学英语智慧课堂的构建[J]．牡丹江教育学院学报,
2018(6):53-55.

[48]王聃．英语智慧课堂与英语立体课堂构建探究[J]．西部素质教育,2017,3
（1）:102.

[49]郑侠,李京函,李恩．多元文化视角下的大学英语教学研究[M]．北京:知识产
权出版社,2018.

[50]ELLIS R. The Study of Second Language Acquisition[M]. Second Edition. Shang-
hai:Shanghai Foreign Language Education Press,2013.

[51]贾冠杰．英语教学理论基础[M]．上海:上海外语教育出版社,2010.

[52]黄音频．"一带一路"倡议框架下的高校商务英语专业教学改革新思考[M]．长
沙:湖南师范大学出版社,2018.

[53]张淑君．大学生学习动机探析[J]．广东蚕业,2018,52(10):104-105.

[54]宋建勇．高校英语任务型教学与评价研究[M]．西安:西安交通大学出版
社,2017.

[55]涂诗万．杜威教育思想的形成[M]．杭州:浙江教育出版社,2014.

[56]李洋,雷雳．罗杰斯心理健康思想解析[M]．杭州:浙江教育出版社,2015.

[57]陈华蓉．教育理论研究[M]．北京:光明日报出版社,2019.

[58]彭苇．教育技术与网络教学资源整合[M]．北京:光明日报出版社,2017.

[59]赵瑞．大学英语个性化教学研究[J]．海外英语,2018(16):108-109.

[60]刘龙．浅谈"教育技术"[J]．知识文库,2016(16).

[61]陈博文．漫谈教育技术[J]．传播力研究,2017(10):216.

[62]左庭瑜．关于对教育技术的认识[J]．科学大众,2018(2):9.

[63]陈亦余．教育技术与教育的变革[J]．福建广播电视大学学报,2016(6).

[64]张海昆．探究教育技术的理论与实践[J]．现代经济信息,2014(3):329.

[65]陈晓洁.教育技术与课堂教学的深度融合:理论梳理与实践路径[J].黑龙江科学,2019,10(17):1-7,10.

[66]焦丽珍.神奇的"经验之塔":《视听教学法之理论》[J].现代教育技术,2012,22(6):126.

[67]李运林,李克东,徐福荫.我国教育传播理论的建立与发展:纪念宣伟伯、余也鲁来华南师范大学讲学30周年[J].电化教育研究,2012,33(11):11-16.

[68]胡钦太,胡小勇.信息时代的教育传播研究:理论与实践[J].基础教育论坛,2018(21):35.

[69]付卫红,李万春,刘建华.从教育传播理论来看交互式电子白板的应用[J].安阳工学院学报,2011(5):101-102,105.

[70]张若梅.现代教育技术中的网络应用[J].长江丛刊,2019(17):29-30.

[71]周开敏.浅谈现代教育技术与课程的整合[J].考试周刊,2019(11):34.

[72]刘炜.智慧教育视域下大学英语学习环境的重构[J].语言学与外语教学,2017(1):101-104.

[73]姜平.信息技术支持下的大学英语智慧课堂构建研究[J].中国电化教育,2014,334(11):13-14.

[74]周云.移动互联视域下的大学英语智慧教学模式研究[J].现代教育技术,2016(12):79-85.

[75]郭刚,刘倩钰.试论信息技术与现代教育的融合[J].现代职业教育,2019(1):174-175.

[76]杜彦蕊,刘怡,靳慧龙.现代教育技术应用研讨[J].教育教学论坛,2020(10):9-10.

[77]杨锐.试论现代教育技术与创新人才培养[J].计算机产品与流通,2019(2):223.

[78]殷盛普.现代教育技术下的英语教学[J].现代职业教育,2016(12).

[79]白凌霄.浅析现代教育技术在大学俄语教学中的应用[J].才智,2017(26):196.

[80]何克抗,付亦宁.开创有中国特色的教育技术理论与实践之路:何克抗教授专访[J].苏州大学学报,2017,5(4):98-105.

[81]崔凯.计算机科学技术在现代教育中的应用[J].中国新通信,2019,21(2).

[82]王晓兰.现代教育技术下的英语教学[J].科技经济市场,2015(1):72.

[83]孙学军.体育教学的技能提升[J].江西教育,2020(6).

[84]袁晓琳.认知方式与学习的关系及其对教学的启示[J].教育现代化,2016(14):113-114.

[85]李婷婷.翻转课堂在大学英语听力教学中的应用研究[J].新课程教学,2020(5).

[86]段文婷.大学英语口语教学与翻转课堂[J].文教资料,2019(30):231-232.

[87]饶国慧.基于手机二维码的大学生移动学习方式探究[J].教书育人(高教论坛)期刊,2015(10):62-64.

[88]李期,张伟平.将"慕课"引入成人高等继续教育的SWOT分析[J].延安大学学报(社会科学版),2015,37(3):117-121.

[89]钟卫铭,杨元峰,夏正航.移动课堂:传统教学在移动互联平台上的延伸[J].科技视界,2016(25):123-124.

[90]曹凯,秦红娟,周红英.英语教学艺术与思维创新研究[M].长春:吉林美术出版社,2018.

[91]莫英.信息化背景下大学英语教学改革与创新思维[M].成都:四川大学出版社,2018.

[92]董毅,邬旭东.新课程理论与实践的反思[M].合肥:合肥工业大学出版社,2005.

[93]朱庆好.移动学习模式下学习支持服务体系建设的基本思路[J].新疆广播电视大学学报,2015(2):39-43.

[94]李颖,董彦.现代教育技术应用[M].2版.合肥:中国科学技术大学出版社,2018.

[95]连小英,胡晓琳.基于微信平台的英语移动教学模式研究[J].福建医科大学学报(社会科学版),2015,16(2):61-64.

[96]马玲.基于微信的高校英语微资源共享平台的开发[J].沈阳工程学院学报(自然科学版),2017(1):71-75.

[97]唐烨伟,庞敬文,钟绍春,等.信息技术环境下智慧课堂构建方法及案例研究[J].中国电化教育,2014(11):23-30.

[98]卞金金,徐福荫.基于智慧课堂的学习模式设计与效果研究[J].中国电化教育,2016(2):64-68.

[99]刘邦奇.当智慧课堂遇到大数据[J].中国教育网络,2015(7):65-67.

[100]庞敬文,王梦雪,唐烨伟,等.电子书包环境下小学英语智慧课堂构建及案例研究[J].中国电化教育,2015(9):63-71.

[101]黄济,王策三.现代教育论[M].2版.北京:人民教育出版社,2004.

[102]孙喜亭.教育原理(修订版)[M].北京:北京师范出版社,2013.

[103]扈中平."人的全面发展"内涵新析[J].教育研究,2005(5):3-8.

[104]刘亚平.智慧教育的"名"与"实"[J].现代教育论丛,2018(5):8-13.

[105]唐烨伟.信息技术环境下智慧课堂构建方法及案例研究[J].中国电化教育,2014(11):23-27.

[106]刘楠.电大教育与信息技术深度融合模式探讨:以《开放英语》英语教学为例[J].

中国校外教育,2013(7):68.

[107]王琨.将"技术"化入课堂:"互联网+"时代教师信息技术应用例谈[J].考试周刊,2017(33).

[108]张勇,黄静.微课让水课变金课[J].中国多媒体与网络教学学报,2019(9).

[109]卜彩丽,马颖莹.翻转课堂教学模式在我国高等院校应用的可行性分析[J].软件导刊,2013(7):9-11.

[110]林加论,黄旭,李晓玲,等.浅谈翻转课堂的微课设计[J].文教资料,2019(14):183-184.

[111]郑伟.微课在翻转课堂中的应用探究[J].试题与研究,2019(18).

[112]徐梅,郭芋坊.基于微课的翻转课堂与大学英语教学改革[J].文化创新比较研究,2019,3(5).

[113]徐迪.基于微课的翻转课堂在大学英语教学中的应用分析[J].祖国,2018(18).

[114]李爱荣.互联网背景下大学英语创新性教学策略研究[J].读与写,2018(8).

[115]孟克玲,武永平,雷西玲.基于新信息技术平台的大学公共英语教学[J].新丝路,2019(7).

[116]焦建利.说说慕课的来龙去脉[EB/OL].http://www.jiaojianli.com/1092.html,2012-08-07.

[117]徐运玲.学习网络在非学习化社会中的应用:试析伊里奇学习网络理论[J].中国教育技术装备,2012(18).

[118]李青,王涛.MOOC:一种基于连通主义的巨型开放课程模式[J].中国远程教育,2012(3):203-204.

[119]樊文强.基于关联主义的大规模网络开放课程(MOOC)及其学习支持[J].远程教育杂志,2012(3):31-35.

[120]李青.论我国大学英语教学中慕课资源的运用[J].现代职业教育,2019(9).

[121]张金磊."翻转课堂"教学模式的关键因素探析[J].中国远程教育,2013(10):59-63.

[122]李瑞,马建桂,李丽娟.大学英语自主学习能力培养策略的实验研究[J].河北大学学报(哲学社会科学版),2010,35(154):120-122.

[123]刘思思.基于慕课的大学英语听说混合式教学实施策略研究[J].教育观察,2019(16).

[124]王一琼.慕课环境下大学英语写作教学模式研究[J].林区教学,2018(7).

[125]董银秀.混合学习理论视域下的大学英语写作教学新模式研究与实践[J].甘肃广播电视大学学报,2016,26(4):87-90.

[126]林玉生.基于慕课的大学英语写作教学模式研究[J].黑河学院学报,2017,

8（7）：126-127.

［127］吴静．MOOC 环境下口译课程教学改革研究［J］．湖南科技学院学报，2016
（9）：172-174.

［128］徐彦红．大学青年教师专业发展影响因素研究［M］．北京：首都经济贸易大学
出版社，2018.

［129］任平．现代教育学概论［M］．广州：暨南大学出版社，2013.

［130］周瑛，李晓萍主编．教育学［M］．沈阳：辽宁大学出版社，2008.

［131］何远疆．悟人生真谛　修教育正道　中小学教师职业修炼的理论与实践
［M］．重庆：重庆大学出版社，2015.

［132］熊建辉．以教育信息化推动教师专业化：访联合国教科文组织教师发展与高
等教育司司长戴维·阿乔莱那［J］．全球教育展望，2013（11）.

［133］莫甲凤．MOOC 时代如何提升大学教师教学能力［J］．中国地质大学学报（社
会科学版），2014（5）：129-133.

［134］谢虎．高校课程信息化教学绩效成熟度模型的构建与应用［D］．广东：华南师
范大学，2014.